Günter Spurgat

THOMAS MANN
STATIONEN
AM MEER

Günter Spurgat

THOMAS MANN
STATIONEN
AM MEER

TRAVEMÜNDE

NIDDEN

SANARY-SUR-MER

PACIFIC PALISADES

Die Deutsche Nationalbibliothek verzeichnet diese Publikation in der Deutschen Nationalbibliografie; detaillierte bibliografische Daten sind im Internet über dnb.dnb.de abrufbar.

Cover-Vorderseite: Thomas Mann im Seebad Rauschen, 1929. © Otto Krauskopf
Cover-Rückseite: Katia und Thomas Mann während ihrer Europareise, 1939
© Thomas-Mann-Archiv/ETH-Bibliothek Zürich

© 2025 Günter Spurgat

Verlag:
BoD · Books on Demand GmbH,
Überseering 33, 22297 Hamburg, bod@bod.de
Druck:
Libri Plureos GmbH, Friedensallee 273,
22763 Hamburg

ISBN: 978-3-7693-1302-4

Printed in Germany

Inhalt

Vorwort

Eigentlich fand nicht ich selbst das Thema dieses Buches. Vielmehr umkreiste es mich lange und veranlasste mich schließlich, es auch umzusetzen.

Mit der Familie Mann kam ich erstmals 1980 in Husum in Berührung, ohne zu ahnen, dass ich einem Abkömmling der berühmten Schriftstellerfamilie hier begegnen würde. Jindřich Mann *), Enkel von Thomas Manns älterem Bruder Heinrich, hielt sich in der kleinen Hafenstadt mit einem Kamerateam auf, um sie für den Sender Freies Berlin filmisch zu porträtieren. Er suchte verschiedene Plätze und Einrichtungen auf und erschien auch in meiner damaligen Arbeitsstätte. Als ich erfuhr, dass er tschechischer Filmemacher war, wurde ich hellhörig, denn das seinerzeit hoch angesehene Filmschaffen in der Tschechoslowakei interessierte mich sehr. Daher bat ich ihn um eine Verabredung. Wir trafen uns abends in einem Lokal und unterhielten uns über die Filmkunst in seiner Heimat.

Einige Jahre später war ich Mitarbeiter des Lübecker Kulturamtes und der von ihm veranstalteten Nordischen Filmtage. Dort fand ich zufällig einen an die Stadt gerichteten Brief von Jindřich Mann aus Prag, in dem er ihr ein Gemälde aus Familienbesitz anbot. Da erst ging mir auf, dass Jindřich ein Verwandter von Thomas Mann war.

---

*) 1948 in Prag geborener Filmemacher, Autor und Künstler. Seine Mutter Leonie war die einzige Tochter von Heinrich und Maria „Mimi" Mann, sein Vater der tschechoslowakische Schriftsteller Ludvik Aškenazy.

Im Rahmen meiner Mitarbeit im Kulturamt verfasste ich eine Dokumentation über Theodor Storms Lübecker Zeit und die Verfilmungen seiner Werke. Bei der Vorstellung des Buches fragte mich die Sponsorin, die dessen Veröffentlichung ermöglicht hatte, ob ich nicht auch eine ähnliche Publikation über Thomas Mann erstellen könnte. Aus der Idee wurde zwar nichts, doch der Dichtername, sein Werk und dessen Verfilmungen begannen, meine Gedanken zu umkreisen. 1987, im letzten Jahr meiner Tätigkeit im Kulturamt, organisierte ich in einem Lübecker Kino eine Retrospektive mit Verfilmungen von Romanen Thomas Manns, die so viel Zuspruch bei den Lübeckern fand, dass sie wiederholt wurde.

2023 schrieb ich ein Buch über die frühere Küstenfischerei in der Nord- und Ostsee und erzählte darin auch von den Fischern im litauischen Nidden an der Kurischen Nehrung. Wieder tauchte der Name Thomas Mann auf, denn in Nidden ließ sich der Schriftsteller ein Haus bauen und verbrachte dort mit seiner Familie Anfang der 1930er Jahre mehrere Sommer. Ich freundete mich mit dem Gedanken an, über Thomas Mann und seine Affinität zum Meer ein Buch zu schreiben. Er besuchte mit seiner Familie regelmäßig berühmte Seebäder, widmete sich im Hotel oder am Strand vormittags dem Schreiben, beobachtete sehr genau die Menschen seiner Umgebung und machte sie häufig zu Figuren seiner Romane und Novellen.

In den Sommerurlauben am Meer sah man den Schriftsteller stets modisch und perfekt gekleidet – meistens maritim in weißer Hose, blauer Jacke, mit Kapitänsmütze, Matrosenhut oder Prinz-Heinrich-Mütze – oft im Strandkorb sitzend, beobachtend und mit Bleistift schreibend. Das Meer war für ihn nicht nur eine Inspirationsquelle. Elisabeth, seine jüngste Tochter, die ihm sehr nahestand, glaubte, dass ihr Vater das Meer *zum Leben brauchte*.

Als sie und ihr Bruder Michael – sie sechs, er fünf Jahre alt – an der Hand ihres Vaters in Travemünde das erste Mal das Meer erblickten, war Elisabeth tief beeindruckt, vor allem vom Horizont. Sie fragte, was hinter dem Horizont sei. Immer wieder ein neuer Horizont, war die Antwort ihres Vaters. Es war vermutlich kein Zufall, dass Thomas Mann seine beiden jüngsten Kinder an diesen Ort führte. Wollte er etwas in ihnen erwecken, eine besondere Beziehung zu diesem Element? Auch er sah als Kind in Travemünde das Meer zum ersten Mal und kam seither nicht mehr von ihm los. Immer wieder zog es ihn an die Küste, zur Ostsee- und Nordsee, zum Mittelmeer und an den Pazifischen Ozean. Aber lange und ausgelassen im Wasser zu schwimmen lag ihm nicht. Ihm genügte ein kurzes morgendliches Bad am seichten Ufer.

Mein gewähltes Thema widmet sich nicht dem Werk des Schriftstellers, sondern seinen Aufenthalten an Sehnsuchtsorten am Meer und seinen Lebenswegen in wechselvollen Zeiten.

Dass Thomas Mann in seinen Briefen und Tagebuchnotizen den Vornamen seiner Frau Katia (eigentlich hieß sie Katharina) stets mit »j« schrieb, sei noch am Rand vermerkt und ebenso, dass ich mir erlaube, den Namen des Schriftstellers in Bildunterschriften mit »TM« abzukürzen.

Günter Spurgat

Die frühen Jahre

T homas Mann (1875 – 1955) war der zweite Sohn des Lübecker Kaufmanns und Senators Thomas Johann Heinrich Mann. Seine Mutter Julia (1851 – 1923), geborene da Silva-Bruhns, entstammte einer portugiesischen Großgrundbesitzerfamilie, die nahe der brasilianischen Atlantikküste mit Sklaven bewirtschaftete Zuckerrohrplantagen besaß. Ihr Vater Johann Bruhns war 1837 von Lübeck nach Brasilien ausgewandert und hatte es mit Kaffee- und Zuckerrohranbau und einer eigenen Zuckermühle zu ansehnlichem Wohlstand gebracht. Julia wuchs in den ersten Jahren wohlbehütet in dem Küstenort Paraty auf. Als sie fünf Jahre alt war, starb ihre Mutter bei der Geburt ihres sechsten Kindes. Ein Jahr später schickte Julias Vater alle seine Kinder nach Lübeck. Er selbst blieb in Brasilien, kümmerte sich um seine Plantagen und versorgte sie finanziell.

Julia da Silva-Bruhns verbrachte die ersten Jahre ihrer Kindheit in der Villa *Boa Vista*. Das Haus, direkt an der brasilianischen Atlantikküste gelegen, existiert noch heute und steht seit 2002 unter Denkmalschutz.

Julia, die bei ihrer Ankunft in Lübeck noch kein Wort deutsch sprach und die vom Himmel fallenden Schneeflocken für Zuckerstreusel hielt, kam in ein Mädchenpensionat, das sie erst als 16-jährige wieder verließ, um in der Familie ihres Onkels zu leben. Bei einem Fest lernte sie den elf Jahre älteren Kaufmann Thomas Johann Heinrich Mann kennen, den sie 1869 heiratete.

Paraty liegt etwa 10.000 Kilometer von Lübeck entfernt. Auf einem Segelschiff dauerte die Fahrt von Rio de Janeiro damals zwei bis drei Monate.

Zwei Jahre später kam ihr erster Sohn Heinrich und nach weiteren vier Jahren Thomas zur Welt. Beide sollten später berühmte Schriftsteller werden. Thomas schilderte seine Mutter als "außerordentlich musikalisch" und glaubte, ihr eine "künstlerisch sinnliche Richtung" und die Lust am Fabulieren zu verdanken. Der Mutter lag viel daran, ihre Kinder mit Musik und Literatur in Berührung zu bringen. Sie las ihnen viel vor und besuchte mit ihnen oft Konzerte.

Julia Mann mit ihren ersten drei Kindern. Von rechts Thomas, Heinrich und deren kleine Schwester Julia, genannt *Lula*. Zwei weitere Kinder, Carla (*1881) und Viktor (*1890) machten die Familie komplett. Aufnahme von 1879.

Thomas Mann und seine Geschwister wuchsen in wohlhabenden Verhältnissen auf. Er bezeichnete seine Kindheit später als

»gehegt und glücklich«. Sein Vater war ein erfolgreicher Geschäftsmann, außerdem Königlich Niederländischer Konsul und wurde 1877 Senator für Wirtschaft und Finanzen.

Als Thomas sieben Jahre alt war, sah er zum ersten Mal das Meer. Die Manns verbrachten ab 1882 regelmäßig Sommerurlaube im Seebad Travemünde, jeweils für vier Wochen, von Mitte Juli bis Mitte August. Die Familie wohnte in einem der beiden »Schweizerhäuser«, die neben dem Kurhaus standen.

Kurhaus Travemünde und ein dazugehöriges »Schweizerhaus«.
Ansichtskarten (Ausschnitte) aus den 1890er Jahren.

Rückblickend sah Thomas Mann – formuliert in einer 1926 gehaltenen Rede: *Lübeck als geistige Lebensform* – die an der Ostsee verbrachten Ferien als prägend für sein späteres schriftstellerisches Schaffen an:

Da war das Meer, [...] Travemünde [...] mit dem biedermeierlichen alten Kurhaus, den Schweizerhäusern und dem Musiktempel, in dem der langhaarig-zigeunerhafte kleine Kapellmeister Heß mit seiner Mannschaft konzertierte und auf dessen Stufen, im sommerlichen Duft des Buchsbaums, ich kauerte – Musik die erste Orchestermusik, wie immer sie nun beschaffen sein mochte, unersättlich *in meine Seele ziehend. An diesem Ort, in Travemünde, dem Ferien-paradies, wo ich die unzweifelhaft glücklichsten Tage meines Le-bens verbracht habe, Tage und Wochen, deren tiefe Befriedigung und Wunschlosigkeit durch nichts Späteres in meinem Leben, das ich doch heute nicht arm nennen kann, zu übertreffen und in Ver-gessenheit zu bringen war [...] **

---

* Thomas Mann: Gesammelte Werke. Band XI. Reden und Aufsätze. Weimar 1965, S. 388

Ansicht von Travemünde. Der 1884 erbaute Pavillon (links im Bild) bot über fünfhundert Gästen Platz. Historische Ansichtskarte, um 1900

Schon früh übte sich Thomas Mann im Schreiben, verfasste Prosaskizzen und Aufsätze für eine Schülerzeitschrift, die er mit herausgab. Selbstbewusst unterschrieb er als Vierzehnjähriger einen Brief an eine Hausangestellte mit »Thomas Mann. Ly-risch-dramatischer Dichter«. Das Seebad Travemünde spielte in seinen späteren Romanen *Buddenbrooks, Tonio Kröger* und *Felix Krull* eine gewichtige Rolle als Handlungsschauplatz. In seiner oben erwähnten Rede schrieb er:

Am Strand von Travemünde, um 1900. Die im Bildhintergrund erkennbare Strandpromenade wurde 1899 fertiggestellt. Da lebte TM bereits in München.

[...] an diesem Ort gingen das Meer und die Musik in meinem Herzen eine ideelle, eine Gefühlsverbindung für immer ein, und es ist etwas geworden aus dieser Gefühls- und Ideenverbindung – nämlich Erzählung, epische Prosa [...], [...] so möchte ich meinen, daß das Meer, sein Rhythmus, seine musikalische Transzendenz auf irgendeine Weise überall in meinen Büchern gegenwärtig ist, auch dann, wenn nicht, was oft genug der Fall, ausdrücklich davon die Rede ist.

Als der Vater von Thomas Mann 1891 an einem Krebsleiden im Alter von nur 51 Jahren verstarb, bedeutete das für die Familie einen dramatischen Einschnitt in ihrem Leben. Der Verstorbene hatte zu Lebzeiten testamentarisch verfügt, sein Unternehmen und das Wohnhaus im Falle seines Todes zu verkaufen, den Erlös anzulegen und die Zinsen daraus seiner Frau und den Kindern zur Sicherung ihres Lebensunterhaltes zur Verfügung zu stellen.

1893 zog Julia Mann mit ihren Kindern nach München. Ihr Sohn Thomas folgte ihnen ein Jahr später. Er war noch in Lübeck ge-

blieben, um dort die Obersekunda am Katharineum abzuschlie-
ßen. In München begann er als Volontär bei einer Versicherungs-
gesellschaft. Nach der Veröffentlichung seiner ersten Novelle
(*Gefallen*, 1894) und eines seiner Gedichte in einer Literaturzeit-
schrift gab er die Volontärstelle auf. Als er 1896 mit 21 Jahren
volljährig wurde, erhielt er monatlich 180 Mark aus den Zinser-
trägen des väterlichen Vermögens. Diese Zuwendungen ermög-
lichten ihm eine Existenz als freier Schriftsteller. Im selben Jahr
reiste er mit seinem Bruder Heinrich, der als Autor bereits erste
Erfolge vorweisen konnte, nach Italien, wo sich beide in der Nähe
von Rom ein Quartier suchten. Gemeinsam verfassten sie dort
das *Bilderbuch für artige Kinder,* versehen mit eigenen Zeichnun-
gen. Sie schenkten es ihrer Schwester Carla zur Konfirmation.

Die Brüder Heinrich
(links) und Thomas
Mann, aufgenommen
im Hof-Atelier Elvira
in München um 1900.

Thomas Mann verfasste in Italien mehrere Novellen und begann dort mit dem Roman *Buddenbrooks*. Die beiden Brüder blieben anderthalb Jahre in dem Land und reisten in dieser Zeit auch nach Venedig. Diese Stadt zog Thomas Mann besonders an. In späteren Jahren hat er sie mehrfach besucht.

Nach fast vierjähriger intensiver Schreibarbeit schickte Thomas Mann 1901 sein fertiges Manuskript der Familiensaga *Buddenbrooks* dem S. Fischer Verlag, der es noch im selben Jahr in zwei Bänden in einer Auflage von tausend Exemplaren herausbrachte. Einer zweiten einbändigen Auflage, erschienen 1903 in 2.000 Exemplaren, folgte eine Serie von Neuauflagen. Das opulente Werk, das sich trotz guter Kritiken zunächst keiner großen Nachfrage erfreute, wurde jedoch bald zu einem Bestseller. Bis 1918 wurden 100.000 Exemplare und bis heute über neun Millionen deutschsprachige Ausgaben verkauft. Internationale Verbreitung fand der Roman zudem durch 38 fremdsprachige Übersetzungen.

Diese einbändige Ausgabe erschien 1904 in 21. Auflage und umfasste über 1.100 Seiten. Erst 1929 erhielt der Verfasser für dieses Werk den Nobelpreis für Literatur.

1904 lernte der Autor durch Vermittlung einer Bekannten die sieben Jahre jüngere Tochter des Münchner Mathematikprofessors Alfred Pringsheim kennen und war fasziniert von ihr. Katia, temperamentvoll, selbstbewusst und gebildet, hatte erst kürzlich als erste Frau in dieser Stadt das Abitur erworben und noch keine Ambitionen für eine Ehe.

Katia Pringsheim, um 1905

Thomas Mann war jedoch entschlossen, sie für sich zu gewinnen und warb mit allen ihm zur Verfügung stehenden Mitteln um sie. Eine Ehe mit ihr würde ihm erlauben, seine homoerotischen Neigungen hinter der Maske bürgerlicher Normalität verstecken zu können.

Alfred Pringsheim, Erbe eines großen väterlichen Vermögens von dreizehn Millionen Goldmark, bewohnte mit seiner Familie ein prunkvolles Palais. Dass die Pringsheims zu den reichsten und angesehensten Münchner Familien zählten, wird bei Thomas Manns Brautwahl sicherlich auch eine Rolle gespielt haben. Denn durch die Verbindung mit dieser Familie würde er in die höchsten gesellschaftlichen Kreise gelangen.

Schließlich gab Katia Pringsheim dem Drängen ihres Verehrers nach. 1905 heiratete das Paar und bezog eine Stadtwohnung in München. Innerhalb der nächsten vierzehn Jahre bekam das Ehepaar sechs Kinder.

Katia Mann mit ihren Kindern; von links Monika, Golo, Michael, Klaus, Elisabeth und Erika. Aufgenommen 1919 in München.

Durch die Heirat hatte Thomas Mann seinem Bohemien-Leben »eine Verfassung« gegeben, wie er in einem Brief an seinen Bruder Heinrich formulierte. Mit der Ehe erfüllte er eine bürgerliche Norm, die jedoch im Widerspruch zu seiner sexuellen Orientierung stand. Thomas Mann war homoerotisch veranlagt. Er verliebte sich immer wieder in Knaben und junge Männer. Körperliches Verlangen nach ihnen versagte er sich, vielleicht aus Angst vor gesellschaftlicher Ächtung, oder es gehörte einfach nicht zu den Bedürfnissen seiner sexuellen Natur. Die Angebeteten ahnten oft nichts von seiner Zuneigung. Thomas Mann betrachtete sich selbst nicht als homosexuell. Die Spielart seiner sexuellen Orientierung lag vornehmlich in der »Knaben- und Jünglingsverehrung«, wie er sie selbst später bezeichnete. Seine leidenschaftlichen Gefühle für junge Männer blieben unerfüllt, da er sein Begehren ihnen gegenüber kaum auszusprechen wagte. Die Begegnungen mit ihnen bedeuteten für ihn Glück und traurige Entsagung zugleich. Nur seinem Tagebuch vertraute er seine heimlichen Lieben an und verfügte, seine Aufzeichnungen erst mehrere Jahre nach seinem Tod zu veröffentlichen.

In den nächsten Jahren schrieb Thomas Mann mehrere Romane, darunter *Der Tod in Venedig.* In dieser Stadt verbrachten Thomas und Katia Mann im Mai 1911 einen mehrwöchigen Urlaub im *Grand Hôtel des Bains.*

Hôtel des Bains an der Lagune von Venedig, um 1913

In der Geschichte, die im selben Jahr erschien und die von einem von der Cholera gezeichneten Schriftsteller erzählt, der sich in einen Jüngling verliebt, verarbeitete er Beobachtungen und Erlebnisse während ihres Aufenthalts. Dass der Autor des Romans damit auch eigene homoerotische Anlagen verriet, schien für die Leser zumindest naheliegend. Seine Frau wusste längst davon und hatte sie wohl auch akzeptiert.

Von der Münchner Stadtwohnung zogen die Manns 1914 in eine Villa, die Thomas Mann 1913 im Stadtteil Bogenhausen erbauen ließ.

Von 1914 bis 1933 lebte die Familie Mann in ihrer Münchner Villa in der Poschingerstraße 1. Im Haus wohnte auch ihr Dienstpersonal – eine Köchin, ein Stubenmädchen, ein Kinderfräulein und später auch ein Chauffeur.

Vom S. Fischer-Verlag erhielt er je verkauftem Buddenbrook-Exemplar 25 Prozent Tantiemen. Zusammen mit den Einnahmen aus den Verkäufen anderer Buchtitel erwuchs ein ansehnliches Vermögen, das ihm und seiner Familie ein gutes Leben ermöglichte. Durch die Heirat war der Schriftsteller in großbürgerliche Kreise aufgestiegen. In seiner repräsentativen Villa pflegte er Kontakte mit höchsten Kreisen, lud zu Gesellschaften und Lesungen, leistete sich Hauspersonal und genoss ausgedehnte Urlaubsreisen.

Thomas und Katia Mann in ihrem Horch Cabrio mit eigenem Fahrer, um 1928.
TM hatte nie einen Führerschein erworben und ließ sich gern chauffieren.

In der Zeit des I. Weltkriegs verreisten die Manns offenbar nicht, wäre es doch moralisch verwerflich gewesen, Urlaube zu genießen, während die Soldaten an der Front starben. Seit 1909 verbrachte die Familie die Sommermonate und manche Winter im eigenen Landhaus vor den Toren der Stadt Bad Tölz, dessen Bau der Schriftsteller ein Jahr zuvor in Auftrag gegeben hatte. Hier erholte sich die Familie vom Stadtleben. In der Villa fand der Schriftsteller die nötige Ruhe, um seiner Schreibarbeit nachzugehen, und seine Kinder entdeckten im großzügig angelegten Garten ihr Spielparadies.

Thomas und Katia Mann vor ihrem Landhaus nahe der Isar in Bad Tölz, um 1909. In seiner rechten Hand hält TM Tochter Erika, in der linken Sohn Klaus. Katia trägt Sohn Golo im Arm. Mit zur Familie gehörte der Collie *Motz*.

Nach dem Krieg zog es Thomas Mann wieder ans Meer. Aalsgaarde, ein etwa fünfzig Kilometer von Kopenhagen gelegenes Seebad, hatte er bereits im September 1899 besucht und dort seine autobiografische Novelle *Tonio Kröger* konzipiert. Das kleine Fischerdorf machte er im achten Kapitel zum Schauplatz der Handlung. Zwanzig Jahre später suchte er ihn erneut auf, dieses Mal zusammen mit Katia und den Kindern, um im dortigen Badehotel einen Sommerurlaub zu verbringen. Der dänische Maler Peder Mørk Mønsted stellte ab 1874 regelmäßig in Kopenhagen, Paris und auch in Lübeck aus. Möglicherweise hat Thomas Mann in seiner Heimatstadt als Jugendlicher eine dieser Ausstellungen besucht und wurde durch die Aalsgaarder Motive des Malers zu einer Reise in das Fischerdorf am Øresund motiviert.

Strand von Aalsgaarde mit dem *Aalsgaarde Badehotel* am rechten Bildrand. Das Hotel, das desertierten deutschen Soldaten als Versteck diente, brannte 1944 nieder. Historische Ansichtskarte, undatiert.

Sommertag in Aalsgaarde, Ölgemälde von Peder Mørk Mønsted, 1919

In den 1920er Jahren bevorzugte Thomas Mann die Ostseeküste für seine Sommerurlaube. 1922 machte er allein Urlaub in Ahlbeck auf Usedom, da seine jüngsten Kinder Elisabeth (* 1918) und Michael (* 1919) für die lange Anreise aus München noch zu klein waren. Auf der Insel verfasste er vermutlich den größten Teil seines Essays *Von deutscher Republik*. Im Sommer 1924 machte er wieder Urlaub auf Usedom, beide Male gemeinsam mit Katia und den Kindern. Mit dem Zug fuhr die Familie zunächst nach Travemünde. Dort wollte der Familienvater Elisabeth und Michael das Meer zeigen, *sein* Meer, so wie auch er es das erste Mal als Kind in Travemünde erlebt hatte. Elisabeth erinnerte sich Jahrzehnte später an diesen besonderen Moment, der prägend für ihr Leben werden sollte, denn sie wurde Meeresforscherin:

Ich sehe mich noch: Gegen Abend, es war kühl, und ich zitterte ein wenig, teils weil es kühl war, teils aus Erregung. Wir standen am Strand. Ich, etwa fünf Jahre, an der Hand meines Vaters, und mein kleiner Bruder Michael. Wir schauten aufs Meer hinaus – das erste Mal in unserem Leben. *

Auf ihrem Weg nach Usedom machten die Manns Zwischenstation auf der Insel Hiddensee. Thomas Mann war mit dem Dramatiker Gerhard Hauptmann befreundet. Offenbar hatten sich beide zu einem gemeinsamen Urlaub in der Pension *Haus am Meer* im Inseldorf Kloster verabredet. Hauptmann, der 1885 erstmals die Insel besuchte, verbrachte häufig seine Sommerurlaube auf Hiddensee und kaufte 1930 in Kloster ein Haus, das er mit seiner Familie nicht nur als Feriendomizil nutzte, sondern auch als Begegnungsstätte für befreundete Dichter und Denker. Für Hauptmann war Hiddensee das »geistigste« unter allen deutschen Seebädern, verbrachten hier doch viele Denker und Kulturschaffende jener Zeit ihre Urlaube, etwa Albert Einstein, Käthe Kruse, Joachim Ringelnatz, Sigmund Freud und Asta Nielsen.

----

* Elisabeth Mann Borgese: *Mit den Meeren leben*, Köln 1999, Seite 17

Gerhart Hauptmann (1862 – 1946) erhielt 1912 den Nobelpreis für Literatur. Aufnahme von 1914.

Unten: Die Pension Haus am Meer, 1950
© Inga von Sydow

Es war allgemein üblich, dass in der Pension zu Besuch weilende Schriftsteller eingeladenen Gästen aus ihren Werken vorlasen. Thomas Mann erinnert sich:

Eines Abends [...] hatte er [Hauptmann] uns auf seinem Zimmer aus seinem Till-Eulenspiegel-Epos vorgelesen [...], und nach einigem Gespräch darüber forderte er mich auf, nun etwas aus dem "Zauberberg" mitzuteilen, in dessen drittem Viertel etwa ich damals stand. Ich wehrte ab. Es widerstand mir, ehrlich zu lesen, nachdem er gelesen hatte, und ich sagte es. Nun geriet er in Bewegung. Es dauerte eine Weile, bis er hervorbrachte, was in ihm arbeitete. Voran gingen pantomimischer Widerspruch. Gesten, bannende Winke zur Aufmerksamkeit. Dann kam es: "Lieber Freund ... Nicht so ... Sie haben Unrecht ... in unseres Vaters Hause sind viele Wohnungen!" –das war so gut, als Wort so gefunden und empfunden, so groß gedacht und wohl angebracht, dass es mich in tiefster Seele rührte.

Gruppenfoto vor der Pension *Haus am Meer*, Juli 1924. In der Bildmitte TM, Gerhart und Margarete Hauptmann, davor die Kinder Elisabeth und Michael.

Thomas Mann hat diese Begegnung später im in seinem Roman *Der Zauberberg* verarbeitet und seinen Gastgeber darin karikierend in der Figur des *Mynheer Peeperkorn* dargestellt.

Für die Familie Mann blieb es der einzige Besuch auf Hiddensee. Die Insel schien zu klein für zwei Geistesgrößen. Nach mehrwöchigem Aufenthalt reisten die Manns Ende Juli 1924 weiter nach Usedom. Zunächst nahm die Familie Quartier im *Haus Seeblick* in Bansin, später zog sie nach Ahlbeck in die *Villa Heimdall* um.

Katia, TM und die Kinder Elisabeth und Michael auf Hiddensee im Juli 1924.
Auch die übrigen vier Kinder des Ehepaares waren mitgereist.

Thomas Mann arbeitete während dieses Urlaubs am *Zauber-berg*, dessen Niederschrift er 1913 begonnen hatte. Anlass für dieses Werk war der Kuraufenthalt seiner Frau Katia in einem Sanatorium in Davos im Jahr 1912 und seine Alltagsbeobachtungen, die er dort bei einem dreiwöchigen Besuch machte. Bei Ausbruch des Ersten Weltkriegs ließ er das begonnene Manuskript mehrere Jahre unangetastet, bis er 1920 die Arbeit an ihm wieder aufnahm. Es dauerte weitere vier Jahre, bis er den Roman, der ursprünglich als Novelle angelegt war, auf Usedom beenden konnte. Offenbar verlieh der Aufenthalt am Meer dem Autor den nötigen Antrieb für seine Schreibarbeit, die in häuslicher Umgebung oft nicht so recht vorankam. Während seines Urlaubs auf Usedom schrieb er seinem engen Freund Ernst Bertram am 12. August 1924: *... nie arbeitete ich reibungsloser und ergiebiger als nach der Morgenandacht am Meer.*

Am Strand von Ahlbeck auf Usedom, um 1895

Wieder in München berichtete er ihm in einem Brief:

Ich habe nach dem Morgenbade stets stramm gearbeitet. »Der Zauberberg« hat einen großen Schritt gegen das nahe Ende gemacht. Ich rechne mit dem Finis für Ende Oktober.

Noch im selben Jahr veröffentlichte der S. Fischer Verlag den Roman als zweibändige Ausgabe.

Die *Villa Seeblick*, links im Bild. Ansichtskarte, um 1924
Unten: Die *Villa Heimdall* lag direkt an der Strandpromenade. Von jedem
Zimmer hatte man Ausblick auf das Meer. Ansichtskarte, undatiert

Von einem weiteren Familienurlaub auf Usedom im Sommer
1925 brachte Thomas Mann einen Stein mit, den er am Strand
von Ahlbeck fand. Seitdem lag dieser auf seinen diversen Schreib-

tischen, stets rechts von ihm platziert am Tischrand. Scheinbar sah er in dem Stein einen Energiequell und Glücksbringer und wollte ihn deshalb immer neben sich haben, denn in Ahlbeck konnte er seine Schreibblockade überwinden und endlich den *Zauberberg* vollenden, an dem er so lange gearbeitet hatte.

Geliebtes Italien

Nachdem Thomas Mann sein fertiges Manuskript dem S. Fischer Verlag übergeben hatte, wollte er sich von der anstrengenden Schreibarbeit erholen und reiste im Oktober 1924 allein an die italienische Riviera ins Seebad Sestri Levante und bezog dort im *Grand Hotel Jensch* eines der 130 luxuriös eingerichteten Zimmer. Katia folgte ihm ein paar Tage später mit ihren beiden jüngsten Kindern Elisabeth und Michael. Den Palazzo, einen ehemaligen Bischofssitz, hatte Federico Jensch Ende des 19. Jahrhunderts in ein exklusives Hotel umgewandelt. In ihm verkehrten das ganze Jahr über Gäste aus aller Welt und genossen den Komfort des Hauses mit direktem Strandzugang, eigenen Booten, großer Bibliothek und beheizten Seebädern im Haus. Die Zimmer, zu denen man per Aufzug gelangte, waren mit Zentralheizung und Telefon ausgestattet.

Mit dieser Ansichtskarte und traumhafter Lage warb das Grand Hotel.

Zum Hotel gehörte auch eine in die Lagune führende Seebrücke, an deren Ende ein Pavillon zum Verweilen einlud.

1925 verbrachten die Manns mehrfach Urlaube in Italien. Die Familie besuchte Venedig, Florenz und im Herbst auf die Insel Ischia. Bereits vor dem Ersten Weltkrieg war Thomas Mann häufig in Italien gewesen. 1901 und die folgenden beiden Jahre suchte er das Sanatorium Villa Cristoforo in Riva am Gardasee auf und arbeitete dort an der Novelle *Tonio Kröger*. 1909 machte er Urlaub in Livorno an der toskanischen Küste und 1911 zusammen mit seiner Frau Katia auf der Insel Brioni an der Adria.

Im Frühjahr 1925 sah der Schriftsteller Venedig wieder. Viele Jahre waren seit seinem letzten Besuch dieser Stadt vergangen. Die erneute Begegnung mit ihr berührte ihn tief:

Mein Gott, mit welcher Bewegung sah ich die geliebte Stadt wieder, nachdem ich sie dreizehn Jahre nur in meinem Herzen getragen! *

---

* Thomas Mann: *Unterwegs* (Essay). Erschienen in der Beilage *Das Unterhaltungsblatt* der *Vossischen Zeitung* (Berlin), Ausgabe vom 12. April 1925

33

Anlass für seinen Besuch in der Lagunenstadt war der Antritt einer ausgedehnten Mittelmeer-Kreuzfahrt auf dem Luxusdampfer *General San Martin*, zur der ihn die deutsche Reederei Hugo Stinnes eingeladen hatte.

Einen ähnlichen Blick auf Venedig wird Thomas Mann vom Deck des Schiffes *General San Martin* gehabt haben.

Eine Gondel brachte Thomas Mann zur Piazzetta, wo die *General San Martin* lag, und betrachtete den ganzen Nachmittag an Deck des Schiffes die sich ihm darbietende Szenerie Venedigs. »Ich war überzeugt, kein Gesicht der kommenden Fahrt werde vor meiner Seele dies Bild überbieten können; ich schied mit wirklichen Schmerzen«, notierte er in seinen Erinnerungen.

Die Route des Schiffes führte von Venedig nach Montenegro und Ägypten. Weitere Stationen waren Konstantinopel, Athen, Taormina, Neapel, Capri, Algier, Malaga, Barcelona und schließlich Genua.

34

Der Hamburger
Passagierdampfer
Professor Woermann
wurde 1922 in
General San Martin
umbenannt und
unternahm ab 1923
Kreuzfahrten nach
Spitzbergen und
durch das Mittelmeer.

Als Ehrengast erhielt Thomas Mann eine Offizierskabine auf dem Bootsdeck. Seine Reiseerlebnisse beschrieb er in dem Essay *Unterwegs*:

[...] *der »General« ist ein ausgezeichnetes, gepflegtes und höchst behagliches Schiff, [...] geräumig genug, mit seinem Speisesaal und Wintergarten, seinen wohnlichen Gesellschaftsräumen und seinem breiten Promenadendeck, daß ungefähr hundertsechzig Passagiere wohl darauf leben können, ohne einander zu bedrängen. Sie leben sehr gut, bedient von einem Heer weißer Jacken; die Verpflegung ist üppig, nicht ohne Förmlichkeit wird sie genossen, man kleidet sich gesellschaftlich zum Sieben-Uhr-Dinner, Musik spielt, zuweilen ist Tanz auf fahnengeschmücktem, mit Talkum bestreutem Deck .. Ich will das alles nicht ausmalen, es könnte als soziale Provokation wirken, als beifällige Schilderung einer Orgie des nachkriegerischen Kapitalismus mit Neureichen in den strahlenden Luxuskabinen. Es ist dergleichen.*

Die Einladung zu der Mittelmeer-Kreuzfahrt kam für den Schriftsteller zur rechten Zeit. Er hatte gerade mit seinem biblischen Romanvorhaben *Joseph und seine Brüder* begonnen, dessen Handlung in Ägypten spielt. Die Reise erlaubte ihm, in diesem Land die Königsgräber der alten Hauptstadt Theben, die Orte

Luxor und Karnak sowie das Museum in Kairo zu besuchen. Das Betreten historischen Bodens, die Besichtigung antiker Bauten und die Berührung mit der orientalischen Welt wird ihm für seine Arbeit am Roman, der vier Bände mit insgesamt viertausend Seiten umfassen sollte, sehr wichtig gewesen sein.

Mitte Mai 1925 besuchte Thomas Mann erneut Venedig und machte diesmal einen Badeurlaub gemeinsam mit Katia und den beiden jüngsten Kindern Elisabeth und Michael. Die Vier reisten im September des selben Jahres auf die Insel Ischia im Golf von Neapel. »Die Kinder sind vollkommen glücklich mit dem Meer und den Weintrauben«, schrieb er seinem Bruder Heinrich. Während er selbst sich meistens mehrere Stunden am Tag dem Schreiben widmete, hielt sich seine Frau Katia mit den Kindern gern am Strand auf. »Sie schwamm wie ein Fisch, bis ins hohe Alter, während mein Vater kein starker Schwimmer war. Er ging nur an den Rand und hat sich so ein bißchen herangeplätschert«, erinnerte sich Elisabeth später an die Urlaube mit den Eltern am Meer.

Für ihren Urlaub im Herbst 1925 im Seebad Casamicciola auf Ischia
wählten die Manns diese Unterkunft, das Hotel *Pithaecusa*.

Thomas Mann suchte immer wieder Grand Hotels in schöner Lage an Meeresküsten, an Seen und in alpiner Landschaft auf. Er war gern Hotelgast, denn das Reisen und Beobachten von Menschen in dieser Umgebung inspirierte ihn, Gesehenes und Erlebtes literarisch zu verarbeiten. Die Hotels wurden für ihn Sehnsuchts- und Erinnerungsorte, die er zu Schauplätzen seiner Novellen und Romane und deren Gäste zu Figuren der Handlung machte.

Blick auf das malerisch in einer Bucht gelegene Casamicciola auf der Insel Ischia.

Auch im folgenden Jahr machten Thomas und Katia Mann mit ihren beiden Jüngsten, dem siebenjährigen Michael und der achtjährigen Elisabeth, wieder Urlaub in Italien und verbrachten zwei Wochen in dem mondänen Badeort Forte dei Marmi am Ligurischen Meer.

Während ihres Aufenthalts besuchte die Familie eine Abendvorstellung des Zauberkünstlers und Hypnotiseurs Cesare Gabrielli. Daraus entwickelte Thomas Mann drei Jahre später die Idee zu seiner Novelle *Mario und der Zauberer*, in der er die politischen Ereignisse in dem Land in jener Zeit aufgreift. Unter Führung von Benito Mussolini hatten die Faschisten den Staat in eine totalitäre Diktatur verwandelt, was die Manns dazu bewog, dem geliebten Land für viele Jahre den Rücken zu kehren.

Die Manns quartierten sich Ende August 1926 in diesem Hotel ein, zogen aber bald in eine benachbarte Pension um, weil sie in dem Hotel ungastlich behandelt wurden. Ansichtskarte von 1926

Jahrzehnte später, Mitte der 1950er Jahre, sollte Tochter Elisabeth nach dem Tod ihres Ehemanns, des italienischen Schriftstellers Giuseppe Antonio Borgese, den sie 1939 geheiratet hatte, nach Forte dei Marmi zurückkehren und sich hier ein Haus bauen. Italien sah ihren Vater erst 1952 wieder, als dieser anlässlich der Verleihung des angesehensten italienischen Kulturpreises Rom besuchte und ein Preisgeld von fünf Millionen Lire empfing. Im Frühjahr 1954, gut ein Jahr vor seinem Tod, machte Thomas Mann seine letzte Italienreise, die ihn erneut nach Florenz führte, wo er die Kunstschätze der Stadt studieren wollte.

Elisabeth Mann Borgese bezog 1955 dieses von ihr konzipierte Haus in Forte dei Marmi in der Nähe von Florenz.

An heimatlichen Gestaden

*I*m Jahr 1921 besuchte Thomas Mann, zusammen mit seiner Frau Katia, zum ersten Mal die Insel Sylt und logierte mit ihr eine Woche in einer Wenningstedter Pension. Katia hatte die Insel bereits als Kind im Sommer 1891 im Rahmen eines Ferienaufenthalts mit ihren Eltern und Geschwistern kennengelernt.

Thomas und Katia Mann wohnten während ihres Sylt-Urlaubs in diesem Wenningstedter Gästehaus, der *Villa Erika*.

Stichwortartig notierte Thomas Mann seine Inseleindrücke und -erlebnisse im September 1921 in sein Tagebuch:

Erster Anblick der Nordsee von der Höhe der Treppe zum Strand. Hübsche Zimmer im Hause Erika gleich hinter der Düne. Achttägiger Aufenthalt auf der Insel. Baden vom Strandkorb in der gewaltigen Brandung. Begeisterung durch das Meer. Der große, weiche Wind. Das Raubtiermäßige der Wellen. Die herrlichen Schaumteppiche. Besuche in Westerland, in List, wo wir die abenteuerliche

*Wanderdüne bestiegen. Abendessen im Dünenhotel, Mittagessen mit Rosenbergs *. Vorlesung von »G. u. T.« ** vor ihnen. Gegenstand der Neugier in Campen und Wenningstedt.*

---

* Hermann Rosenberg (1847–1917), ein reicher Bankier und Kaufmann aus Berlin, war Katias Onkel. Die Familie Rosenberg verbrachte seinerzeit regelmäßig Sommerurlaube auf Sylt.

** Gemeint ist Thomas Manns Essay »Goethe und Tolstoi«, das erst 1923 veröffentlicht wurde.

Zum ersten Mal erblickte Thomas Mann 1921 die Nordseebrandung vom über zwanzig Meter hohen Roten Kliff bei Wenningstedt. Ansichtkarte, undatiert.

An einem Abend oder auch öfter speiste das Ehepaar Mann im *Dünen-Hotel* in Wenningstedt.

41

In Kampen besuchte Thomas Mann Siegfried Jacobsohn (1881 – 1926), den Herausgeber der angesehenen Berliner Wochenzeitung *Die Weltbühne,* in dessen Haus. Daraufhin schrieb Jacobsohn an seinen Freund Kurt Tucholsky:

Heute Nachmittag widerfährt meinem niedern Strohdach die Ehre, dass Thomas Mann unter ihm weilt. Der alte Waterkantler hatte die Insel nicht gekannt und ist so erschlagen, dass er sofort entweder ein Friesenhaus oder Terrain kaufen will.

Siegfried Jacobsohn mit seiner Familie vor seinem Haus, dem *Lüerhof,* in Kampen. Ansichtskarte von 1924

Zwar kam es nicht zum Erwerb eines Hauses oder Grundstücks, aber Sylt begeisterte den Schriftsteller und blieb für ihn ein Sehnsuchtsort. In Kampen begegnete er auch dem jungen Theodor W. Adorno (1903 – 1969), ohne es überhaupt gewahr zu werden. Der später berühmt gewordene Philosoph und Soziologe schrieb ihm 1945: »Im Sommer 1921 bin ich einmal, in Kampen, unbemerkt einen langen Spaziergang hinter Ihnen hergegangen und habe mir ausgedacht, wie es wäre, wenn Sie nun zu mir sprächen.«

Wie gewohnt arbeitete Thomas Mann während des Urlaubs und verfasste einige Zeilen für seinen Roman *Der Zauberberg*. Über dessen Protagonisten Hans Castorp schrieb er:

Auf Sylt hatte er, in weißen Hosen, sicher, elegant und ehrerbietig, am Rand der mächtigen Brandung gestanden wie vor einem Löwenkäfig. Dann hatte er gebadet, während ein Strandwächter auf einem Hörnchen denjenigen Gefahr zublies, die frecherweise versuchten, über die erste Welle hinaus zu dringen.

Viele Größen der damaligen Gesellschaft machten Sommerurlaube auf der Insel. Zu ihnen gehörten die Komponisten Otto Klemperer und Friedrich Hollaender, der Berliner Theaterkritiker Herbert Ihering, die Dichter Max Frisch und Carl Zuckmayer, die sich hier mit ihrem Verleger Peter Suhrkamp trafen. Wer in der Kulturszene der Weimarer Republik Rang und Namen hatte, traf sich hier. »Ich werde Dir jetzt überhaupt lieber täglich mitteilen, wer nicht da ist, denn das ist die Minorität«, schrieb Jacobsohn an Tucholsky.

Im Sommer 1927 und 1928 zog es Thomas Mann mit Katia und den Kindern Elisabeth und Michael wieder auf die Insel. Die Familie logierte für jeweils einen Monat in der Kampener Pension *Kliffende*, die von der Schauspielerin und Schriftstellerin Clara Tiedemann geführt wurde. In ihr Gästebuch schrieb Thomas Mann im September 1927:

Nicht Glück oder Unglück – der Tiefgang des Lebens ist es, worauf es ankommt. An diesem erschütternden Meere habe ich tief gelebt [...] Auch will ich wiederkommen. Man sollte freilich wohl nie wiederholen wollen, denn von vornherein ist gewiß, daß es das andere Mal anders sein wird. [....]

43

Das Gästehaus *Kliffende* in Kampen

Ihre Gäste wählte Clara Tiedemann mit Bedacht aus. Fehlende Manieren oder mangelnder Respekt vor der Natur waren ein Ausschlusskriterium, vor allem die Empfehlung eines alteingesessenen Gastes machte das Haus für Neulinge zugänglich. Tür an Tür wohnten hier Maler, Schriftsteller, Verleger, Komponisten und Dirigenten. Der Maler Emil Nolde durfte sich 1930 auf dem Heuboden sogar ein Atelier einrichten, weil sein eigenes Haus auf dem nahen Festland gerade umgebaut wurde.

Für prominente Gäste war Kampen damals schon deshalb als Urlaubsort besonders attraktiv, weil sie hier unbehelligt am Strand liegen und ihre Freizeit genießen konnten, ohne von Bewunderern angesprochen zu werden. Denn auf der Insel gab es kein Theater und keinen großen Kulturbetrieb, der die Einheimischen auf sie aufmerksam machen konnte.

Thomas Mann badete täglich in der Nordsee und bekannte, dass er sich – wieder daheim in München – nach den »Pranken ihrer Brandung« zurücksehnte.

44

Das Rote Kliff, die hohe Steilküste von Kampen. Ansichtskarte, um 1910
Unten: TM, Katia und ihre beiden Kinder Elisabeth und Michael während
ihres Urlaubs in Kampen im Sommer 1927.

Als die Manns Anfang August 1928 wieder in Kampen Urlaub machten, überraschte sie die unerwartete Kühle im Norden, wie er seinem Bruder Heinrich schrieb::

Euch allen viele Grüße von diesem rauhen Meer, an dem wir gestern Abend wieder eingetroffen. Die Kälte ist chockierend nach der Münchener Gluthitze, und sonderbar mag es sein, so weit zu reisen, um dies zu haben. Aber so will's das Herz.

Thomas Mann, warm eingehüllt, im Sommer 1928 am Strand von Kampen.

Die Pension *Kliffende* bot keinen übertriebenen Luxus, aber besonderen Komfort, etwa gute Betten und Zentralheizung. Ihren Gästen ließ Clara Tiedemann morgens selbst gebackenes Brot, Katenschinken, Bircher Müsli und Eier mit Speck servieren. Mittags gab es kalten Lunch, nachmittags Kaffee und Kuchen, soviel man wollte, abends ein warmes Hauptgericht.

46

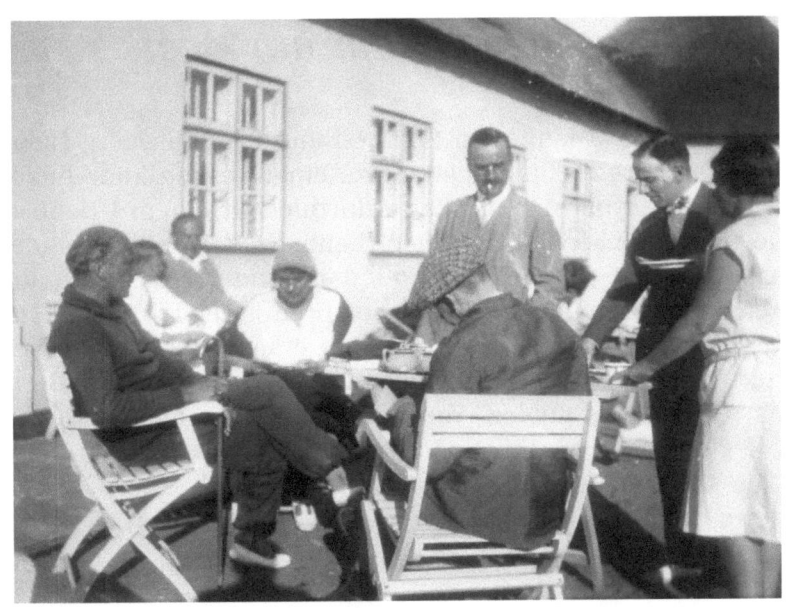

Thomas und Katia Mann mit Freunden und Verwandten beim Tee vor dem Gästehaus *Kliffende.*

Ein eigenes Haus am Meer

A ls Thomas Mann vom Goethe-Bund in Königsberg (heute *Kaliningrad*) eine Einladung zu einer Lesung Ende August 1929 erhielt, wollte er die Reise dorthin mit einem Urlaub im nahe gelegenen Seebad Rauschen (heute *Svetlogorsk*) verbinden, Zusammen mit seiner Frau und den Kindern Elisabeth und Michael fuhr er im Juli 1929 in die ostpreußische Hauptstadt, die er bereits 1903 anlässlich einer seiner ersten Lesungen besucht hatte. Die Fahrt mit Nachtzug und Zwischenstation in Berlin dauerte zwanzig Stunden. Von Königsberg fuhr die Familie mit der Regionalbahn anschließend weiter nach Rauschen.

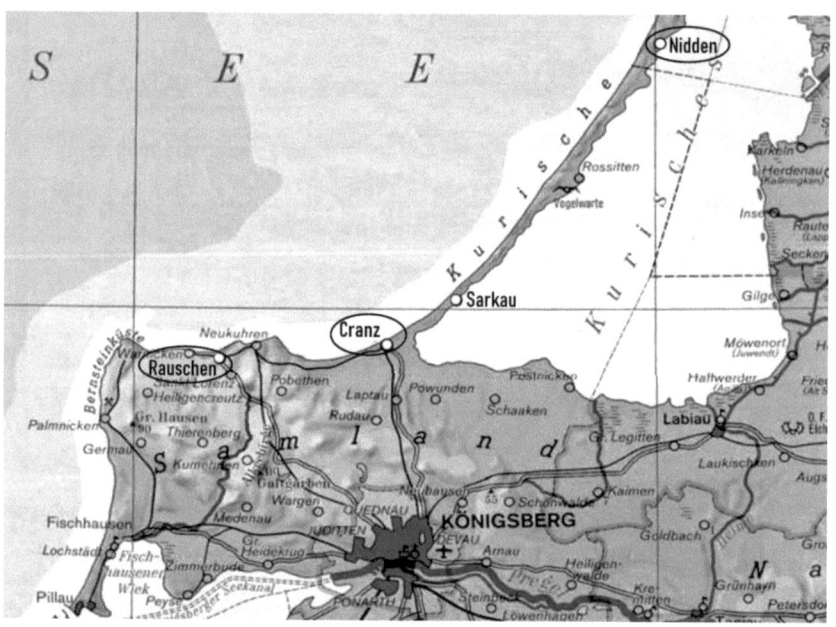

Von Königsberg fuhren regelmäßig Züge zu den Seebädern Palmnicken, Warnicken, Rauschen, Neukuhren und Cranz.

Thomas und Katia Mann in Rauschen, Juli 1929

Damals war das einstige Fischerdorf neben Cranz das beliebteste Seebad an der Küste des Samlandes. Jeden Sommer strömten Scharen von Sonnenhungrigen aus ganz Ostpreußen zu den Bädern der Halbinsel, wobei die Steilküste bei Rauschen einen besonderen Anziehungspunkt bildete. Von der Kliffhöhe gelangten die Urlauber über schlangenförmige Pfade oder per Seilbahn hinunter zum Strand.

Thomas Mann, dem beschäftigungslose Erholung nicht zusagte, verband seine Urlaube stets mit Schreibarbeit in den Morgenstunden. So wollte er es auch in Rauschen halten und auf seinem Zimmer an einer Anekdote für die Novelle *Mario und der*

Zauberer schreiben. Doch der Gedanke, dabei das Meer zu versäumen, blockierte ihn.

Am Strand von Rauschen, um 1930

Ich ließ mich bereden, meine Schreiberei an den Strand zu verlegen. Ich rückte den Sitzkorb nah an den Saum des Wassers, das voll von Badenden war, und so, auf den Knien kritzelnd, den offenen Horizont vor Augen, [...] mitten unter genießenden Menschen, [...] ließ ich es geschehen, daß mir [...] die geistige Erzählung [...] unversehens erwuchs, – während immerfort ein glückliches Staunen darüber mich erfüllte, wie doch das Meer jede menschliche Störung zu absorbieren und in seine geliebte Ungeheuerlichkeit aufzulösen vermag. *

---

* *Lebensabriß* (1930). In: Thomas Mann: *Gesammelte Werke* in 13 Bänden. Bd. *XI*. Frankfurt/M. 1990, S. 139 f.

Im Seebad Rauschen machte Thomas Mann die Erfahrung, dass ihn das Schreiben am Strand inspirierte. Von da an schrieb er in Urlauben an der See oft draußen am Meer.

Der Schriftsteller war jedoch von dem mondänen Badebetrieb im Ort und dem Massentourismus wenig angetan. Gern nahm er daher den Vorschlag von Freunden an, mit der Familie in das etwa sechzig Kilometer entfernte litauische Fischerdorf *Nidden* (heute *Nida*) zu fahren und dort die letzten Urlaubstage zu verbringen.

Die Manns bestiegen in Begleitung von Bernhard Koch, dem Geschäftsführer des Buchhandelsunternehmens *Gräfe und Unzer*, das in Königsberg damals die größte Sortimentsbuchhandlung Europas besaß, in Cranz den Passagierdampfer *Kuršių marės - Kurisches Haff* und erreichten nach 3½-stündiger Fahrt den Zielort. Als Ehrengäste wurden sie unentgeltlich befördert. Wie das ganze Memelland gehörte Nidden damals zur Litauischen Republik. Deutsche Besucher benötigten ein Visum, das aber unkompliziert auf dem Schiff erworben werden konnte.

Auf diesem Schiff, das im Kurischen Haff im Linienverkehr zwischen Cranz und der Hafenstadt Memel eingesetzt wurde, gelangten die Manns im Sommer 1929 nach Nidden.

Das Fischerdorf Nidden galt von etwa 1900 bis zum Beginn des II. Weltkriegs als Rückzugsort für Maler, Dichter und Komponisten, die nach Erholung und kreativer Eingebung suchten und hier eine Künstlerkolonie begründeten. Das kulturelle Zentrum des Dorfes bildete das Hotel Blode, das von dem Gastwirt, Kunstsammler und Mäzen Hermann Blode (1862–1934) geführt wurde. In seinem Haus fand die Familie Mann Unterkunft. Hier hatten schon zahlreiche, später berühmt gewordene Maler wie Lovis Corinth, Max Pechstein und Karl Schmidt-Rottluff logiert und ihren Aufenthalt mit Bildern *bezahlt*, die die Wände der Gaststube schmückten.

Künstlerzimmer und verglaste Terrasse des Gasthauses Blode, von der aus die Gäste den Ausblick auf das Kurische Haff genießen konnten.

Allabendlich versammelten sich die Hotelgäste im Schein schwach leuchtender Lampen auf der Terrasse und diskutierten über Kunst und Politik. An einem der Abende las Thomas Mann aus seiner erst kürzlich vollendeten Novelle *Mario und der Zauberer* vor.

Hermann Blode und das von ihm geführte Gasthaus und Hotel, in dem die Manns ihre letzten Urlaubstage im Sommer 1929 verbrachten.

Seine Tochter Elisabeth erinnerte sich viele Jahrzehnte später an den ersten Urlaub in Nidden im Sommer 1929:

Schon der erste Besuch in dem so naturnahen Dorf, wo es keine Autos gab und man mit einem Pferdewagen im Hafen abgeholt wurde, [...] wo es keine Elektrizität gab [...] und man gemütlich, im Schein des Öllämpchens auf der mit Glasfenstern versehenen Terrasse von Blodes Hotel das Nachtessen einnahm, war bezaubernd [...] Die Spaziergänge an dem schönen, wilden Strand; die Ausflüge in die großen Wanderdünen und das Elchrevier, der [...] ,Italienblick' vom Schwiegermutter-Hügel, [...] sind unvergeßlich. [...] Meine Eltern verliebten sich zusehends in den Platz und beschlossen, gleich ein Haus zu bauen. Dies wunderte uns nicht weiter, denn überall, wo es schön war, wollten meine Eltern gleich ein Haus bauen.

Die Bewohner Niddens lebten überwiegend vom Fischfang. Wenn sie nicht ausfuhren, sah man ihre typischen Segelkähne zu Hauf am Strand

Auf seinen Reisen nach Italien, Sylt und in die Schweiz träumte der Schriftsteller immer wieder von einem eigenen Sommerhaus. Nidden und dessen malerische Umgebung fanden Katia und Thomas Mann überaus beeindruckend. Katia schrieb ihrer Tochter Erika am 27. August 1929:

Hier [...] ist es ganz ungewöhnlich schön, ich glaube wahrhaftig schöner als in Kampen. Die Ostsee ist so großartig, wie ich sie nie sonst gesehen, kann es mit jeder Nordsee aufnehmen, Dünen schöner als die in List, das Haff lieblicher und frischer als das Watt, [...]

Katia und Thomas Mann fassten den Entschluss, in Nidden ein dauerhaftes Domizil für sich bauen zu lassen. Ein Memeler Architekt wurde beauftragt, ein Holzhaus im Stil der traditionellen Fischerkaten zu entwerfen und es auf dem sogenannten Schwiegermutterberg zu errichten. Das Haus sollte mit einem Reetdach versehen, die Windbretter in *Niddener Blau* gestrichen und die Giebelspitze mit geschnitzten, sich kreuzenden Pferdeköpfen gekrönt werden. Die Planung sah für das Haus eine große Terrasse und eine Veranda mit dahinterliegendem Esszimmer, im Obergeschoss Schlafzimmer für Familienmitglieder und Gäste sowie ein Arbeitszimmer mit Blick auf das Haff für den Hausherrn vor. Dieser konnte nicht ahnen, dass ihm wenige Monate später, im Dezember 1929, der Literaturnobelpreis für seinen ersten Roman *Buddenbrooks* verliehen werden sollte. Er war jedoch fassungslos darüber, dass das Nobelkomitee mit seiner Entscheidung sich praktisch nur auf seinen ersten Roman bezog und seine späteren Werke unbeachtet ließ. Die Auszeichnung war mit 200.000 Reichsmark dotiert. Diese Summe entspricht einer heutigen Kaufkraft von über 800.000 Euro. Mit dem Preisgeld finanzierte er das Sommerhaus und tilgte die Schulden, die seine Kinder Klaus und Erika auf ihrer Weltreise 1927/28 und durch teuren Lebensstil verursacht hatten. Den Rest legte er an.

Bevor die Manns wieder nach München zurückkehrten, machten sie Halt in Königsberg, wo Thomas Mann am 29. August in der Stadthalle aus seinem noch nicht fertiggestellten neuen *Roman Joseph und seine Brüder* vorlas. Der Veranstalter lud anschließend zu einem Abendessen im kleinen Kreis. Letztlich wurde es jedoch ein festliches Bankett mit nahezu achtzig Teilnehmern, die diese Gelegenheit suchten, den berühmten Dichter persönlich kennenzulernen.

Die Nachricht, dass die Manns beabsichtigten, sich in Nidden ein Haus bauen zu lassen, erreichte umgehend die deutsche Hauptstadt. Darüber berichtete die *Deutsche Allgemeine Zeitung* bereits am 31. August in ihrer Morgenausgabe.

Einzug ins Sommerhaus

Daheim in München korrespondierte Katia mit dem für den Bau des Hauses beauftragen Diplom-Ingenieur Herbert Reißmann über die Details ihres künftigen Sommerdomizils. Sie entschied über Grundriss und Inneneinrichtung und wünschte den Komfort einer Warmwasserleitung. Alles wurde zügig in ihrem Sinne umgesetzt, so dass bereits ein Jahr später das Haus bezugsfertig war. Im Juli 1930 machten sich Thomas und Katia Mann mit ihren Kindern Monika, Elisabeth und Michael auf die lange Reise, um in Nidden das neue Holzhaus zu besichtigen und zu bewohnen. Golo folgte ihnen offenbar später; Erika und Klaus zogen es vor, in München zu bleiben.

Über den unerwarteten Empfang im Ort schrieb Katia ihrer Tochter Erika:

Die Ankunft in Nidden, nachdem schon auf dem Dampfer Kaptain und litauischer Paßbeamter uns göttliche Ehren erwiesen, war ja wohl vom Komischsten, indem das Dorf vollkommen ausgestorben, der Landungsplatz aber schwarz von Menschen war; alle, Fischer und Badegäste, standen Kopf an Kopf, reckten die Hälse und *zückten die photografischen Apparate, um das großartige Schau-spiel unseres Einzuges zu genießen [...]* *

* Zitiert nach: Tilmann Lahme, Holger Pils und Kerstin Klein (alle Hg.):
Die Briefe der Manns. Ein Familienporträt. Berlin 2016

Eine große Menschenmenge versammelte sich am Schiffsanleger, um die Manns zu begrüßen. Der Hotelier Hermann Blode ließ sie mit einer Kutsche in Begleitung des Architekten Herbert Reißmann abholen.

Die Manns verbrachten in Nidden einen ausgedehnten Urlaub von Juli bis Ende September 1930. Viele Urlauber und Reisegruppen machten sich auf den Weg zum Schwiegermutterberg, um den berühmten Schriftsteller und Nobelpreisträger persönlich in Augenschein zu nehmen. Thomas Mann konnte sich in dem kleinen Fischerdorf nicht verstecken, zu offen und einsehbar lag sein Anwesen in der Landschaft. Das Eindringen ungebetener Gäste in sein privates Leben akzeptierte er wohl oder übel als Preis für Ansehen und Ruhm.

Kurz nach ihrer Ankunft entstand dieses Foto, das die Familie Mann mit zwei
Spielkameraden ihrer Kinder vor dem imposanten Sommerhaus zeigt.
Im Hintergrund, auf einem Stuhl sitzend, Monika Mann.

Schon bald wurde das Sommerhaus Anziehungspunkt für Neugierige und
Bewunderer wie diese Jugendgruppe, die dem Dichter singend huldigt.

Auch zahlreiche Freunde und Verwandte besuchten die Manns in ihrem neuen Feriendomizil. Darunter Katias Eltern, Alfred und Hedwig Pringsheim. Der 21jährige Golo Mann hielt sich den ganzen Sommer 1930 in Nidden auf und schrieb hier an seiner Dissertation über Hegel.

Im September 1930 feierte Katias Vater in Nidden seinen 80. Geburtstag.
Von links: Elisabeth, Golo, Katia, Alfred und Hedwig Pringsheim, TM.

Die sommerlichen Urlaubsaufenthalte der Manns in Nidden begleitete der Fotograf Fritz Krauskopf. Offenbar bestand ein Vertrauensverhältnis zwischen dem Dichter und dem Königsberger Fotografen, denn Thomas Mann gestattete ihm Aufnahmen im privaten Umfeld und deren Verkauf als Ansichtskarten.

Erika und Klaus Mann 1927.
In dem Jahr unternahmen sie
eine Weltreise. Beide waren
jeweils nur kurz in Nidden zu
Besuch. Erika empfand die
Ferne zu München »unpraktisch«.

Der Fotograf Fritz Krauskopf (1882 –
1945) besaß Fotoateliers in Königsberg, Cranz und Neukuhren. Mit seiner
Kamera hielt er vor allem das untergegangene Ostpreußen und dessen
Hauptstadt Königsberg fest.

Bildquelle:
Ostpreußisches Landesmuseum,
Lüneburg

Thomas Mann zeigte sich in der Öffentlichkeit stets modisch elegant gekleidet und ließ sich offenbar gern fotografieren. Denn es existieren tausende Bilder, die ihn bei der Arbeit am Schreibtisch, im Urlaub, im Kreis der Familie und in Gesellschaft zeigen. Zeitungen und Zeitschriften benötigten zwar Bilder von ihm für ihre Berichterstattung, aber er selbst setzte sich offenbar auch gern in Szene. Diesen Eindruck vermitteln viele Aufnahmen, in denen er selbstbewusst und demonstrativ in die Kamera blickt. Dagegen sieht man in den Gesichtern der Familienmitglieder, die ihn auf diesen Fotos umrahmen, oft nur verhaltene, gelangweilte Mimik, als wollten sie sagen »wenn's denn sein muss«.

TM am Schreibtisch im Niddener Sommerhaus im Juli 1930

Die Öffentlichkeit war interessiert am Leben des großen Dichters und dessen Familie. Den Verlagen, die seine Bücher und Schriften herausbrachten, war die Publicity um seine Person nur recht. Thomas Mann wusste um deren Bedeutung für die Vermarktung seiner Werke. Als Schriftsteller strebte er nach

Ruhm und Anerkennung und erklomm mit der Erlangung des Nobelpreises den für Literaten höchsten Gipfel. Aber diese Auszeichnung sicherte ihm keinen dauerhaften dichterischen Erfolg. Es galt, das Leserpublikum immer wieder auf seine Person und sein Werk aufmerksam zu machen. Und dafür waren Fototermine, Presseberichte, Lesungen und die Nähe zu seinen Lesern wichtig. Das hatte er sicherlich erkannt und verhielt sich entsprechend.

Familie Mann bei einem Spaziergang im Ort. Von links: Monika, Katia, Michael, Golo, Elisabeth, TM, eine Unbekannte. Juli 1930

Nun, wo die Manns das schöne Haus in Nidden besaßen, hatte die Familie keine Veranlassung mehr, in den nächsten Sommern woanders als hier Urlaub zu machen. Sie verbrachte aber nur drei lange Ferien in ihrem Sommerhaus, die Thomas Mann dazu nutzte, an seinem zweitausend Seiten umfassenden Werk *Joseph und seine Brüder* zu arbeiten. Im Sommer 1932 ahnten die Manns nicht, dass sie das letzte Mal in Nidden sein sollten.

Die Manns in ihrem Sommerhaus, Juli 1930. Von links: Elisabeth, Katia, Monika, TM und Michael.

Thomas Mann ließ sich für seine Erzählungen von Beobachtungen inspirieren. Er studierte Menschen in seiner Umgebung sehr genau und machte Freunde, Hotelgäste und Bedienungspersonal häufig zu Figuren in seinen Romanen und Novellen.

Der Schriftsteller Hans Reisiger (1884 – 1968), Thomas Manns enger Freund, war häufiger Gast der Familie in München, in der Schweiz und auch in Nidden. Als Thomas Mann ihn ungefragt zum Vorbild für die Figur Rüdiger Schildknapp in seinem 1947 erschienenen Roman *Doktor Faustus* nahm, belastete er damit die Freundschaft nachhaltig. Erst nach mehreren Jahren versöhnten sich beide wieder.

Die Manns auf der Terrasse ihres Niddener Hauses, Juli 1932. Von links: TM, der Schriftsteller Hans Reisiger, Katia, Monika, Elisabeth und Michael.

Fischer, denen er zahlreich in den Urlaubsorten am Meer begegnete, interessierten ihn offenbar nicht als Romanfiguren, gehörten sie doch einem Milieu an, das ihm nicht vertraut war.

Im Exil

Thomas Mann war ein entschiedener Gegner der National-sozialisten und bezog in öffentlichen Reden immer wie-der eindeutig Stellung gegen sie. Als die *Nationalsozialistische Deutsche Arbeiterpartei* im Januar 1933 an die Macht gelangte und Deutschland in eine Diktatur verwandelte, musste Thomas Mann mit seiner Verhaftung rechnen. Er sah aber noch keine Ge-fahr für sich und seine Familie, war er doch ein weltweit geachte-ter Literat. Hingegen zog es sein Bruder Heinrich vor, Deutsch-land umgehend zu verlassen und sich nach Paris abzusetzen. Thomas Mann trug noch im Februar 1933 sein Essay *Leiden und Größe Richard Wagners* in München, Amsterdam, Brüssel und Pa-ris vor. Anschließend reiste er mit Katia und Tochter Elisabeth zu einem Erholungsurlaub ins schweizerische Arosa.

Katia, ihre Tochter Elisabeth und Arthur Nikisch, Sohn des gleichnamigen berühmten ungarischen Komponisten, im Skiurlaub in Arosa, März 1933

Es waren keine unbeschwerten Urlaubstage, auch wenn die wenigen Fotografien aus jener Zeit es glauben ließen. Nachrichten über zahlreiche Verhaftungen in Deutschland setzten der Familie, vor allem Thomas Mann, nervlich zu und kosteten ihn manche schlaflose Nächte. Ihm wurde klar, dass er nicht mehr nach München zurückkehren konnte. Elisabeth wollte unbedingt weiter die Schule besuchen, schien auch nicht gefährdet. Daher setzten die Eltern ihre Tochter in den Zug nach München, wo sich das Hausmädchen in der heimischen Villa um sie und ihren Bruder Michael kümmerte. Doch die Nazi-Ideologie hatte sich inzwischen auch in ihrer Schule und in der Lehrerschaft ausgebreitet. Das dort herrschende Klima wurde für Elisabeth unerträglich. Sie wollte jetzt nur noch weg aus der Stadt und zu ihren Eltern, die sich in einem Hotel in Lugano im Tessin einquartiert hatten.

Im Frühjahr 1933 logierten die Manns für einige Wochen im Hotel *Villa Castagnola* in Lugano.

Golo brachte seine 14jährige Schwester Elisabeth auf einem Ausflugsdampfer über den Bodensee, über die deutsch-schweizerische Grenze und zu den Eltern in Lugano. Bruder Klaus war bereits zuvor nach Paris geflohen, und Erika hatte sich in die Schweiz abgesetzt. Auch die beiden fanden sich in Lugano ein. Ihr Vater schrieb am 15. März 1933 in sein Tagebuch:

Seit vorgestern Abend ist Erika bei uns, und es wird kein Zufall, sondern eine jener »Sonnigkeiten« meines Lebens sein, daß in diesen Tagen meine beiden Lieblingskinder, die älteste und die jüngste Tochter, um mich sind.

Die komplette Familie war nun wieder zusammen und beriet über die nächsten Schritte. Katia und Thomas Mann wollten mit ihren Kindern Elisabeth und Michael nicht von einem Ort zum anderen, sondern wünschten sich eine dauerhafte Bleibe. Zunächst fiel die Wahl auf Basel, aber die Nähe zur deutschen Grenze erschien ihnen nicht geheuer. Dann erwogen sie Zürich als neuen Wohnort und entschieden sich, zunächst einen langen Sommerurlaub an der französischen Riviera zu verbringen. Die Anregung dazu gaben ihre Kinder Erika und Klaus, die zuvor mit einem Auto die Mittelmeerküste bereist und darüber eine literarische Liebeserklärung an die Côte d'Azur (*Das Buch von der Riviera*, erschienen 1931) verfasst hatten.

Ende April luden Erika und Klaus die jüngsten Geschwister Elisabeth und Michael in Erikas Auto und fuhren mit ihnen nach Südfrankreich. Die Eltern sollten später nachkommen. In Le Lavandou, einem kleinen Küstenstädtchen, quartierten sich die Vier im Hotel *Les Roches Fleuries* ein. Nachdem auch die Eltern hier eingetroffen waren, blieb die Familie nur wenige Tage in dem Ort.

Dann zog sie an der Küste weiter gen Westen nach Bandol ins dortige Grand Hotel *Beau Rivage*. Hier schrieb Thomas Mann seinem Bruder Heinrich am 11. Mai 1933 nach Paris:

Der Bade- und Fischerort Le Lavandou. Ansichtskarte, undatiert

Bandol war für die Familie Mann nur eine Zwischenstation.

Lieber Heinrich,

wir haben uns hier gestern auf einige Wochen installiert. Es ist, wenn ich es überschlage, die zehnte Station unserer »Reise«. Unter ihnen hat wohl Lugano uns am besten gefallen, aber es war auf die Dauer zu teuer. [...] Es wäre schön, wenn Du uns besuchtest. Zwar kommen heute Katjas alte Eltern auf ca. 14 Tage hierher. Aber das brauchte Dich nicht zu hindern. Wir sind hier mit den beiden jüngsten Kindern. Erika und Klaus sind mit Freunden nahebei in Sanary. [...]

Aber Thomas Mann kam in Bandol nicht zur Ruhe. Er litt unter dem Verlust seiner Heimat, machte sich Sorgen über seine finanzielle Situation und die damit verbundene Einschränkung seines gewohnten Lebensstandards. Längere Hotelaufenthalte wären zu kostspielig gewesen, deshalb suchte Erika nach einem Haus, das günstig zu mieten war.

Im Küstenort Sanary-sur-Mer entdeckte ihre Freundin eine Villa mit geschmackvoller Einrichtung in schöner Lage auf einer Anhöhe über dem Meer. Das zweistöckige, hell gestrichene Haus mit blaugrünen Fensterläden trug einen Namen, der ersehnte Ruhe versprach: *La Tranquille.*

Das Haus gefiel Thomas Mann. Die Miete war nicht zu teuer, und dass sein Freund, der Schriftsteller Bruno Frank, mit seiner Familie gleich gegenüber wohnte, war ein zusätzlicher Grund, sich für die Villa zu entscheiden. Am 12. Juni 1933 zogen Katia und Thomas Mann mit ihren beiden jüngsten Kindern in das Haus, während Erika und Klaus in einem Hotel am Hafen wohnten. Für die Küche fand Katia Personal aus dem Ort. Zur großen Freude aller Familienmitglieder reiste eigens aus München ihre Kinderbetreuerin, Maria Ferber, an, um sie zu unterstützen. Für Katia und Thomas Mann war es beruhigend, hier ihre Kinder Monika und die beiden jüngsten bei sich zu haben. Golo bezog in der Villa des amerikanischen Schriftstellers William Seabrook ein Zimmer. Klaus reiste bereits im Mai wieder nach Paris, um sich literarischer Arbeit zu widmen, während Erika die Familie Ende Juli verließ, um in der Schweiz mit einem von ihr gegründeten Kabarett auf Tournee zu gehen.

Ihre Reise an die Côte d'Azur führte die Manns von Le Lavandou über Bandol bis nach Sanary-sur-Mer, wo sie sich niederließen.

Das Fischerdorf Sanary-sur-Mer, das um 1930 etwa zweitausend Einwohner besaß, zog besonders Maler und Schriftsteller an.

An diesem Ort kehrte allmählich der von Thomas Mann ersehnte »gleichmäßige Alltag« ein, der ihn wieder an seinem Mammutwerk *Joseph und seine Brüder* schreiben ließ. In seinem Tagebuch vermerkte er:

Ich glaube, daß wir in diesem Hause glücklich sein werden. Zunächst tut die private Existenzform mir unendlich wohl, nach dem Hotel-Dasein von 4 Monaten.

Als aber in Deutschland öffentlich Stimmung gegen ihn gemacht wurde, verschlechterte sich sein Gemütszustand wieder. Es fehle ihm an *Heiterkeit und Energie* und er bemühe sich vergeblich, wieder zum Erzählen zu kommen, wie er seinem Tagebuch Anfang Juli anvertraute.

Das Nazi-Regime betrachtete ihn, der wie kaum ein anderer Geist und Kultur seines Heimatlandes repräsentierte, mittlerweile als Staatsfeind, ließ seine Münchner Villa durchsuchen, sperrte seine Konten, konfiszierte seine sämtlichen Vermögenswerte und stellte einen Schutzhaftbefehl gegen ihn aus. Glücklicherweise gelang es Golo, zuvor 60.000 Reichsmark aus Deutschland herauszuschaffen. Zudem besaß die Familie noch einiges Geld auf einem Schweizer Konto, es flossen weiterhin Buchtantiemen, von den reichen Schwiegereltern kamen gelegentlich Überweisungen und von Mäzenen und Förderern weitere Zuwendungen. Finanziell gesehen mussten sich die Manns also keine allzu großen Sorgen machen. Sie genossen im Vergleich mit anderen Geflüchteten ein durchaus privilegiertes Exil. Aber die Trennung von der Heimat und der Verlust des Münchner Zuhauses lastete bei allen dennoch schwer auf dem Gemüt. Doch ganz besonders litt das Familienoberhaupt im Exil.

Die entspannte Atmosphäre in dem Seebad, das Leben am Meer und die sich einstellende Normalität im Alltag verliehen dem Dichter wieder Tatkraft. Er kleidete sich neu ein, kaufte ein sportliches Auto und erkundete zusammen mit Katia, die den Wagen fuhr, da sie einen Führerschein besaß, die reizvolle Umgebung.

Thomas und Katia Mann
vor ihrem mediterranen
Sommersitz, der Villa
La Tranquille.

Vermutlich war es dieses Cabrio-Modell, ein Peugeot 201, mit dem Thomas und Katia Mann im Sommer 1933 die französische Mittelmeerküste durchstreiften.

Trotz hoher sommerlicher Temperaturen behagte Thomas Mann das Leben am Mittelmeer. In einem Brief, datiert im Juli, schrieb er:

Hier ist jetzt die Sommerhitze auf voller Höhe, aber eigentlich furchtbar wird sie doch nie, da fast immer ein wenige Wind ist, und die Abende sind erquickend. Ich sitze oft bis spät auf der kleinen Veranda vor meinem Arbeitszimmer, rauche meine Zigarette, sehe die Sterne an und bedenke des Lebens Sonderbarkeit.

Zurückblickend wird er später über die Zeit in Sanary-sur-Mer sagen, dass es die »glücklichste Etappe seines Exils« gewesen sei. Er vermisste München immer weniger. Seinen Schreibtisch hätte er allerdings gern in seinem Ferienhaus gehabt, war dieses Möbelstück doch immer ein vertrauter Begleiter seiner vormittäglichen Schreibarbeit gewesen, eine Insel, auf die er sich zurückziehen konnte. Aber auch am neuen, ungewohnten Schreibtisch fand er wieder zu regelmäßiger Schreibarbeit. Bevor er damit begann, nahm er stets ein kurzes Bad im Meer – sein tägliches Ritual.

Wie bereits in der Münchner Villa, so empfingen die Manns auch in der Ferienvilla häufig Gäste, die nach Südfrankreich emigriert waren. Zu ihnen gehörten befreundete Verleger, Schriftsteller und andere Kunstschaffende. Gemeinsam saßen sie auf der Terrasse und plauderten bei einem Glas Wein über Themen, die

sie gerade beschäftigten. Abends fanden in dem Haus oft Lese-
abende oder familiär gehaltene Schallplattenkonzerte statt.

Sanary-sur-Mer war zu Beginn der 1930er Jahre eine bekannte
Malerkolonie, in der sich die Stammgäste des Pariser *Café du
Dôme* gern im Sommer aufhielten. In dem Ort traf sich die »pari-
serisch-berlinisch-schwabingerische Malerwelt« und die »angel-
sächsische Bohème«, wie es die Geschwister Erika und Klaus
Mann in ihrem Buch formulierten. Sanary-sur-Mer, Bandol und
Le Lavandou wurden zwischen 1933 und 1942 Zufluchtstätten
für zahlreiche deutsche und österreichische Emigranten, vorwie-
gend Literaten und Kunstschaffende.

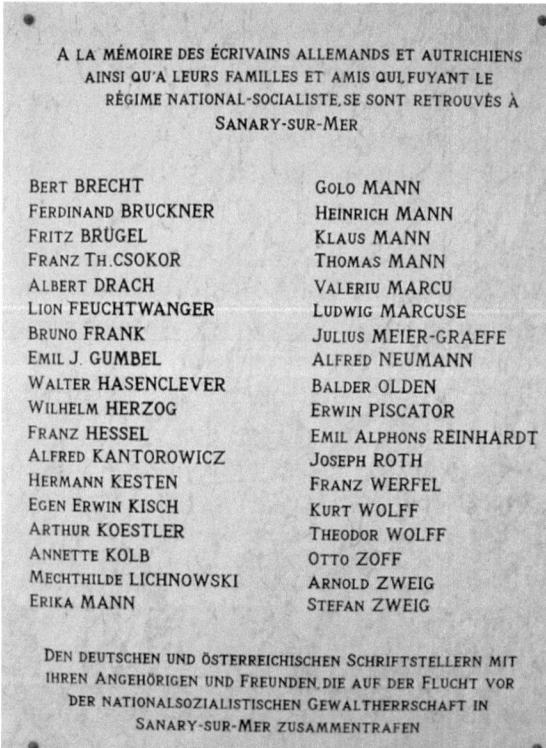

A LA MÉMOIRE DES ÉCRIVAINS ALLEMANDS ET AUTRICHIENS
AINSI QU'A LEURS FAMILLES ET AMIS QUI FUYANT LE
RÉGIME NATIONAL-SOCIALISTE, SE SONT RETROUVÉS À
SANARY-SUR-MER

BERT BRECHT
FERDINAND BRUCKNER
FRITZ BRÜGEL
FRANZ TH. CSOKOR
ALBERT DRACH
LION FEUCHTWANGER
BRUNO FRANK
EMIL J. GUMBEL
WALTER HASENCLEVER
WILHELM HERZOG
FRANZ HESSEL
ALFRED KANTOROWICZ
HERMANN KESTEN
EGEN ERWIN KISCH
ARTHUR KOESTLER
ANNETTE KOLB
MECHTHILDE LICHNOWSKI
ERIKA MANN

GOLO MANN
HEINRICH MANN
KLAUS MANN
THOMAS MANN
VALERIU MARCU
LUDWIG MARCUSE
JULIUS MEIER-GRAEFE
ALFRED NEUMANN
BALDER OLDEN
ERWIN PISCATOR
EMIL ALPHONS REINHARDT
JOSEPH ROTH
FRANZ WERFEL
KURT WOLFF
THEODOR WOLFF
OTTO ZOFF
ARNOLD ZWEIG
STEFAN ZWEIG

DEN DEUTSCHEN UND ÖSTERREICHISCHEN SCHRIFTSTELLERN MIT
IHREN ANGEHÖRIGEN UND FREUNDEN, DIE AUF DER FLUCHT VOR
DER NATIONALSOZIALISTISCHEN GEWALTHERRSCHAFT IN
SANARY-SUR-MER ZUSAMMENTRAFEN

Diese Gedenktafel,
aufgestellt 1987 in
Sanary-sur-Mer, soll
an die Emigranten der
30er Jahre erinnern.

An der Hafenpromenade gab es zwei bevorzugte Treffpunkte für Autoren, Maler und Fotografen, die vor den Nazis hierher geflüchtet waren oder nur einen Sommerurlaub verbringen wollten. Es waren das *Café La Marine* und die Bar *Le Nautique*. Hier traf man damals auf die Größen des europäischen Kulturschaffens, die im Ort oder in der Nähe Sommerhäuser gemietet hatten oder im benachbarten *Hôtel de la Tour* logierten.

Erika und Klaus Mann nutzten dieses Hotel in Sanary-sur-Mer 1933 für einige Zeit als Quartier. 1936 war Klaus noch einmal Gast in diesem Haus.

Das Fischerdorf war von 1933 bis 1942 geistiges Zentrum der Emigration. Neben Thomas und Heinrich Mann machten hier Station Lion Feuchtwanger, Ludwig Marcuse, Arnold und Stefan Zweig, Egon Erwin Kisch. Auch Bert Brecht sah man im Café oder in der Bar, etwa wenn er auf der Gitarre Spottlieder über Hitler und Goebbels sang. Sie hofften alle auf ein baldiges Ende des Nazi-Regimes und darauf, eines Tages in ihre Heimat zurückkehren zu können.

Für Thomas Mann sollte sein Exil zwölf Jahre dauern. Eigentlich war es ein Abschied für immer von Deutschland, denn nach dem II. Weltkrieg kehrte er nur noch besuchsweise in seine alte Heimat zurück.

Ende September 1933 brachen die Manns ihre Zelte an der französischen Mittelmeerküste ab. Ihr Sommerurlaub war zu Ende, die ihnen vertraute Schweiz sollte nun ihr dauerhaftes Domizil werden.

Ein neues Zuhause in der Schweiz

*W*ährend sich ihre Eltern mit den Geschwistern in Frankreich noch im Urlaub befanden, sah sich Erika nach einem geeigneten Haus für die Familie in der Nähe von Zürich um. In Küsnacht fand sie ein prächtiges Mitobjekt in Hanglage mit Blick auf den Zürichsee. Die Aussicht würde ihrem Vater wohl gefallen. Er stimmte ihrer Wahl zu, und so wurde das Haus das neue Domizil der Manns.

In dieser Villa in Küsnacht lebte die Familie Mann vom Herbst 1933 bis zum Frühjahr1938.

Endlich würden sie eine dauerhafte Bleibe haben. Sie brauchten nicht mehr von Ort zu Ort umherziehen und kamen zur Ruhe. Für den Schriftsteller waren eine vertraute Umgebung, eigene vier Wände, sein Schreibtisch, seine Bücherregale und der Fensterblick nach draußen wichtige Elemente für sein kreatives Schreiben. Thomas Mann war überaus erfreut, dass sein Mahagoni-Schreibtisch und andere liebgewonnene Möbelstücke aus der

79

Münchner Villa gerettet werden konnten und ihn nun wieder in seinem neuen Arbeitszimmer in Küsnacht umgaben. Sein Schreibtisch begleitete ihn auch später auf seinen weiteren Stationen.

Elisabeth und Michael blieben in Küsnacht bei den Eltern und widmeten sich ihrer musikalischen Ausbildung. Elisabeth übte täglich viele Stunden am Klavier und genoss sogar einige Stunden Unterricht bei Vladimir Horowitz und Rudolf Serkin. Michael studierte Musik am Züricher Konservatorium und trat später als gefragter Solo-Bratschist auf internationalen Konzertbühnen auf. Monika ging nach Italien, um ihre begonnenen Musikstudien fortzusetzen, später lebte sie mit einem Fischer auf der Insel Capri zusammen, nachdem sie ihren ersten Ehemann 1940 bei einem Schiffsunglück verloren hatte. Golo verließ die Schweiz, um in Paris eine Stelle als Deutschlehrer anzutreten.

Die Manns 1935 vor ihrem Haus in Küsnacht. Von links: TM, Elisabeth, Katia, Monika und Michael.

80

Zu ihrem 18. Geburtstag erhielt Elisabeth von ihrem Vater ein Cabrio geschenkt, das genauso alt war wie sie selbst. Ihre rennsportbegeisterte Schwester Erika half ihr dabei, das Fahrzeug straßentauglich zu machen. Anschließend tourten Elisabeth und Michael mit dem Auto durch Europa und besuchten dabei wieder die Côte d'Azur, wo sie zwei Jahre zuvor einen glücklichen Sommer verbracht hatten.

Auf ihrer Europareise gelangten Elisabeth und ihr Bruder Michael (Mitte)auch in das Seebad Bandol, das sie bereits von einem früheren Besuch kannten.

Wegen ihrer Gegnerschaft zum Nazi-Regime mussten die Manns damit rechnen, dass ihnen die deutsche Staatsbürgerschaft aberkannt werden würde. Einflussreiche Freunde erreichten, dass Thomas Mann, seiner Frau Katia, seinem Bruder Heinrich und den Kindern Golo, Elisabeth und Michael im November 1936 die tschechoslowakische Staatsbürgerschaft verliehen wurde. Kurz darauf entschied das Reichsinnenministerium ihre Ausbürgerung aus Deutschland und die Universität Bonn, Thomas Mann den ihm verliehenen Ehrendoktor-Titel zu entziehen. Auch seine Bücher durften nun nicht mehr in Deutschland verkauft werden.

Die ungewisse Zukunft in Europa veranlasste Thomas Mann, ein Exil in Amerika zu erwägen. Aber er war noch zögerlich, glaubte sich in der Schweiz vorerst noch in Sicherheit. Alfred Abraham Knopf, ein amerikanischer Verleger, der die Werke angesehener europäischer Autoren in seinem Land herausbringen wollte, hatte Thomas und Katia bereits 1934 in die USA eingeladen. Thomas Mann war damals der wohl berühmteste zeitgenössische Schriftsteller auf der Welt, und seine Bücher erschienen übersetzt in vielen Ländern. Zu Manns 59. Geburtstag am 6. Juni wollte der Verleger die englische Fassung seines Romans *Die Geschichten Jaakobs* des auf vier Bände angelegten Werks *Joseph und seine Brüder* veröffentlichen und dessen Autor dem amerikanischen Publikum vorstellen.

Thomas und Katia Mann unternahmen ihre erste Amerika-Reise im Frühjahr 1934 an Bord des niederländischen Passagierdampfers *Volendam,* der im französichen Atlantikhafen Boulogne-sur-Mer ablegte.

Es wurde die erste von insgesamt vier Amerikareisen. Drei Wochen lang hielt sich das Ehepaar in den USA auf, davon allein zehn Tage in New York, wo am Geburtstag des Autors ein Festbankett veranstaltet wurde, an dem die Spitzen der Gesellschaft aus Kultur, Politik und Wirtschaft teilnahmen.

1935 reisten die Manns erneut in die USA. Zusammen mit Albert Einstein wurde Thomas Mann von der Harvard University zum Ehrendoktor ernannt. Dazu beigetragen hatte der amerikanische Präsident Franklin Delano Roosevelt, der den Schriftsteller und seine Frau als private Gäste zu sich ins Weiße Haus einlud. Das blieb nicht die einzige Begegnung zwischen ihnen. Die Beziehung zum Präsidenten sollte noch von großer Bedeutung für den Schriftsteller und seine Familie werden.

Im Juni 1935 fuhr das Ehepaar Mann mit dem Passagier-Schiff *Lafayette* das zweite Mal nach Amerika.

Als Thomas Mann im Frühjahr 1937 wieder nach Amerika kam, um dort Vorträge, vor allem zugunsten deutscher Emigranten, zu halten, interviewte ihn die deutschstämmige Journalistin Agnes E. Meyer für die *Washington Post,* die ihrem Gatten gehörte. Daraus entstand eine enge Freundschaft. Agnes E. Meyer war wohlhabend und einflussreich. Sie öffnete dem Schriftsteller die Türen zur höchsten Gesellschaft in New York und Washington.

Ein Jahr darauf, wieder im Frühling, hielt er in fünfzehn Städten der USA Vorträge mit dem Titel *The Coming Victory of Democracy.* Thomas Mann besuchte auf dieser Tour zusammen mit Katia und seiner Tochter Erika, die ihre Eltern auf dieser Reise zeitweise begleitete, auch die Filmmetropole Hollywood. Dabei trafen die Manns mit dem mächtigen Produzenten Adolph Zukor und anderen Filmschaffenden zusammen.

Im April 1938 begegneten die Manns in Hollywood der deutschen Schauspielerin Luise Rainer, die in jenem Jahr für ihre Darstellung in dem Film *Die gute Erde* ihren zweiten *Oscar* gewann.

Dem einflussreichen Produzenten Paul Kohner, der auch als Agent tätig war und zahlreiche Filmstars wie Marlene Dietrich und Greta Garbo betreute, ließ Thomas Mann eine ledergebundene *Buddenbrooks*-Ausgabe mit Widmung übergeben. Der Autor hoffte, Hollywood für Verfilmungen seiner Werke interessieren zu können. Aber keines der großen Studios wollte seine Stoffe; sie waren ihnen offenbar zu anspruchsvoll und für ein breites Publikum zu wenig unterhaltsam.

Während seines USA-Aufenthalts erhielt Thomas Mann von der Princeton University das Angebot für eine Art Ehrenprofessur, das er vermutlich der Fürsprache von Agnes E. Meyer und dem US-Präsidenten zu verdanken hatte. Die Offerte erreichte ihn in Jamestown auf der Insel Conanicut im Bundesstaat Rhode Island nordöstlich von New York.

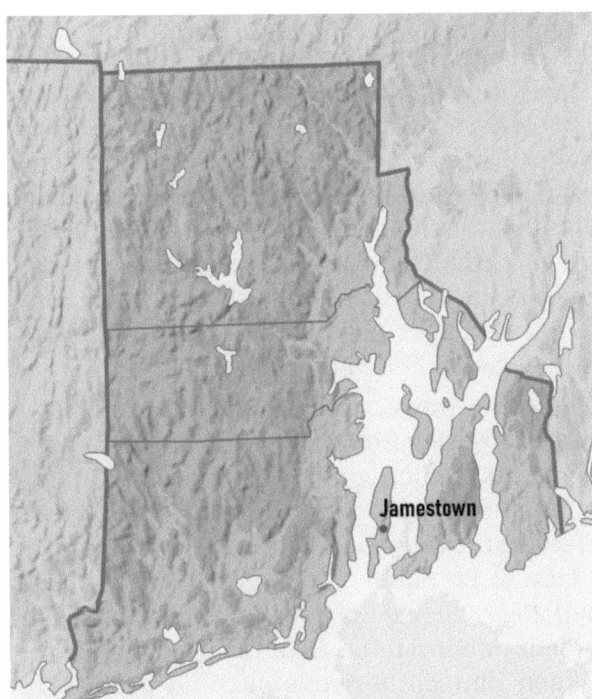

Während ihres USA-Besuchs 1938 bewohnten Thomas und Katia Mann von Mai bis Juni ein Sommerhaus in Jamestown auf der Insel Conanicut.

Die vom Meer umgebenen Sommersitze reicher Amerikaner in Jamestown.
Historische Ansichtskarte, undatiert

Die Psychoanalytikerin Caroline Newton hatte Thomas und
Katia Mann ihr dortiges Landhaus für die Dauer des Krieges zur
Verfügung gestellt. Es war luxuriös ausgestattet, besaß drei
Schlafzimmer, zwei Bäder, Dienstbotenzimmer und eine herrliche
Aussicht auf das Meer. Hier setzte der Autor die Arbeit an dem
Roman *Lotte in Weimar* fort. Doch obwohl er gern in Meeresnähe
schrieb, fand er hier nicht die rechte Atmosphäre dazu. Ihn lang-
weilte das eintönige Leben im Ort, er fühlte sich ausgesetzt und
litt unter der Insektenplage. Daher bewohnten er und Katia das
Haus nur wenige Wochen; sie verließen es Ende Juni 1938.

Das Angebot der Princeton University war äußerst großzügig.
Es sah Thomas Mann als Dozenten für Geisteswissenschaften mit
einem Jahresgehalt von 6.000 Dollar vor. Er sollte nur drei öffent-
liche Vorlesungen halten und drei Studentenkurse über deutsche
Literatur geben. Diese Verpflichtungen würden ihm viel Zeit für
seine eigene Arbeit lassen. Er nahm das Angebot an, denn es
erlaubte eine finanziell abgesicherte Existenz im amerikanischen
Exil und gewährte zudem unbefristeten Aufenthalt für die Familie. Die Schweiz erschien ihm mittlerweile auch zu gefährlich,

nachdem das Nachbarland Österreich im März 1938 an Deutschland »angeschlossen« worden war.

TM und Katia reisten nach 4monatigem Aufenthalt in Amerika zurück nach Küsnacht, um ihre Übersiedlung in die USA vorzubereiten und sich von ihren Freunden zu verabschieden. Wenige Tage nach ihrer Ankunft war die ganze Familie in Küsnacht versammelt und das Familienoberhaupt nahm dies zum Anlass, Katia und seinen Kindern einige Passagen aus dem Goethe-Roman *Lotte in Weimar* vorzulesen, der im darauffolgenden Jahr im Bermann-Fischer Verlag in Stockholm erschien.

Erstausgabe des Goethe-Romans.
Bildquelle: wikipedia,
Foto © H.-P. Haack

Emigration in die USA

Im September 1938 übersiedelten Thomas und Katia Mann mit ihren beiden jüngsten Kindern schließlich in die USA. In Princeton fanden sie mit Unterstützung von Agnes E. Meyer ein schönes, im viktorianischen Stil erbautes Haus, das sie für 250 Dollar im Monat mieteten.

Dieses Haus in Princeton bewohnte die Familie Mann von 1938 bis 1941.

Es war mit zehn Schlafzimmern und fünf Bädern ausgestattet und bot genügend Platz für die sechs Kinder der Familie, falls sie hier wohnen oder zu Besuch kommen würden. Außerdem gab es im Haus eine große Bibliothek, großzügige Empfangsräume und einen separaten, schönen Raum, der sogleich zum Arbeitszimmer für den Hausherrn bestimmt wurde. Der Familie unterstützend zur Seite standen ein farbiger Diener, ein Hausmeister und eine Wäscherin. Katia und Tochter Erika würden Thomas Mann im Sekretariat helfen und zwei Angestellte seine Werke ins Englische übersetzen sowie seine umfangreiche Korrespondenz bearbeiten.

Der Dichter versammelte gern seine Familie um sich, wie hier in Princeton 1940, um ihr aus seinen neuesten Niederschriften vorzulesen. Von links: TM, Michael, Katia, Golo, Erika, Klaus, Elisabeth

In der Universität, die zu den angesehensten und reichsten Privat-Universitäten der Welt zählt, wählte Mann für seine vier Vorlesungen diese selbst gewählten Themen: Goethes Faust, Wagner, Freud und eine Einführung in den *Zauberberg*.

89

Amerika machte es den Manns leicht, sich in der neuen Umgebung einzuleben. Sie waren finanziell versorgt, die in Amerika erscheinenden Bücher verkauften sich gut, und der Autor fand neben seinen Verpflichtungen ausreichend Zeit für Lesereisen und Treffen mit bedeutenden Persönlichkeiten. Der Schriftsteller genoss hohes Ansehen, was auch durch die Verleihung zahlreicher Ehrendoktorwürden seinen Ausdruck fand.

Das angenehme häusliche Umfeld und das sichere Leben in Princeton beflügelten seine schriftstellerische Arbeit, die er wieder an seinem vertrauten Schreibtisch ausübte. Diesen hatte er sich zusammen mit anderen Möbeln aus dem Küsnachter Haus nach Amerika liefern lassen und bestückte ihn sorgsam mit den Utensilien, die er stets beim Schreiben an gleicher Stelle um sich haben wollte – eine kleine Standuhr, einen Kalender, seinen Brieföffner, den Stifthalter, Bilder, eine Klangschale, eine Budda-Figur. Wie er arbeitete schilderte in einem Brief von 1940:

Seit vielen Jahren schreibe ich meine ernsthaften Texte, die zur Veröffentlichung bestimmt sind, fast ausschließlich in den Morgenstunden, von neun bis zwölf oder halb zwölf. Ich arbeite allein und schreibe mit der Hand. [...] Etwa eineinhalb Manuskriptseiten sind mein tägliches Pensum. Diese langsame Arbeitsweise entspringt einer strengen Selbstkritik und hohen Anforderungen an die Form, aber auch dem 'symbolischen Gehalt' des Stils, bei dem jedes Wort und jeder Satz zählt. [...]

Vieles von dem, was ich schreibe, ist auf Spaziergängen entstanden [...] Für ein längeres Buch habe ich während des Schreibens meist einen Haufen von Vorarbeiten zur Hand; gekritzelte Notizen, Erinnerungsstützen, teils rein objektiv - äußere Details, bunte Kleinigkeiten - oder aber psychologische Formulierungen, fragmentarische Eingebungen, die ich an ihrem Platz verwende.

Dass der Autor sein tägliches Arbeitspensum von mehreren Stunden am Vormittag nicht immer einhalten konnte, ist seinen

Tagebüchern zu entnehmen, wenn er davon schreibt, dass er sich oft *mühsam* und *gequält* an seinen Schreibtisch setze, manchmal gar nicht an ihm arbeiten konnte oder ihn ergebnislos verließ. Aber von solchen Momenten ließ er sich nicht entmutigen. Einem Freund, dem ebenfalls nach Amerika emigrierten Schriftsteller und Historiker Erich von Kahler, schrieb er:

... bin ich entschlossen, mein Leben und Treiben mit größter Beharrlichkeit fortzusetzen wie eh und je, unalteriert von Ereignissen, die mich schädigen, aber nicht beirren und demütigen können. [...] Unser Haus [...] ist sehr komfortabel und ein Fortschritt gegenüber allen früheren. Ich lege Wert darauf, immer die Treppe hinauf zu fallen.

Das neue Domizil wurde bald zum Treffpunkt vieler Schriftsteller und Wissenschaftler, die aus Europa geflohen waren, darunter auch Albert Einstein, der in unmittelbarer Nachbarschaft wohnte. In Princeton lebten die Manns von Ende September 1938 bis Mitte März 1941

Europareise 1939

Im Sommer 1939 reisten Thomas und Katia Mann mit ihrer Tochter Erika nach Europa. Erika, die sich stets verlässlich um organisatorische Angelegenheiten kümmerte, fuhr von Amsterdam weiter in die Schweiz, wo sie in Küsnacht den Haushalt auflösen musste. Ihr Vater sehnte sich nach dem heimatlichen Kontinent, wollte hier wieder an einem schönen Strand mit Blick auf das Meer Urlaub machen und im Strandkorb schreiben. Er schrieb fast jeden Tag, auch wenn er unterwegs war – auf einem Schiff, im Zug, im Hotel, aber am liebsten am Meer. In diesem Urlaub arbeitete er weiter an seinem Goethe-Roman, den er im Oktober 1939 beendete, und der im selben Jahr im Verlag Bermann-Fischer in Stockholm erschien.

Als Urlaubsdomizil wählte Thomas Mann das mondäne Seebad *Noordwijk aan Zee* an der holländischen Nordseeküste und quartierte sich mit Katia im *Huis Ter Duin* ein, das Grand Hotel und Kurhaus zugleich war. Die Manns konnten nicht ahnen, dass wenige Wochen später Deutschland Polen überfallen und damit der Zweite Weltkrieg beginnen sollte.

Das Grandhotel *Huis ter Duin* in Noordwijk. Ansichtskarte, undatiert.

Blick vom Hotel auf die Strandpromenade

Im Juli 1939 kamen die Verleger Emil Oprecht (links) und Gottfried Bermann nach Noordwijk, um sich mit TM zu treffen.

Während ihres dreieinhalb Monate währenden Aufenthalts in Europa besuchten Katia und Thomas Mann auch ihren Sohn Golo in Zürich und ihre Tochter Monika in London. In Noordwijk traf sich der Schriftsteller mit Verlegern, um über Buchprojekte zu sprechen und mit Freunden, darunter dem niederländischen Autor und Journalisten Menno ter Braak, der sich in der antifaschistischen Bewegung engagierte.

Die letzte Station der Manns auf ihrer Europareise war Stockholm. TM wollte auf dem XVII. Kongress des internationalen Autorenverbandes PEN eine Rede halten und die Gelegenheit nutzen, um in Saltsjöbaden im Schärengarten vor den Toren Stockholms mit Katia Urlaub zu machen. Der Kongress wurde jedoch wegen des sich abzeichnenden Krieges abgesagt.

Erika reiste zu den Eltern ins Hotel, wollte sie in diesen dramatischen Tagen nicht allein lassen. Am 1. September, als der Krieg ausbrach, verabredeten sich die Manns in Saltsjöbaden mit Bert Brecht und seiner Frau Helene Weigel zu einem gemeinsamen Essen. TM und Brecht mochten sich nicht besonders, aber die Immigration brachte sie näher zusammen, auch später in den USA.

Quartier in Saltsjöbaden fanden die Manns in diesem Hotel.

Unten:

Die Terrasse vor dem Hotel mit hauseigenem Orchester.

Zu Beginn des Krieges hielten sich alle Mitglieder der Familie, mit Ausnahme von Elisabeth, die mit ihrem späteren Ehemann Giuseppe Antonio Borgese in Mexiko Urlaub machte, in Europa auf. Sie befürchteten, den Kontinent nicht mehr rechtzeitig verlassen zu können. Doch es sollte allen gelingen, wenn auch unter schwierigsten Umständen, aus Europa zu fliehen.

Thomas Mann bei
einem Spaziergang
in Saltsjöbaden im
September 1939.

Am 9. September flogen Katia und Thomas Mann von Stockholm nach Kopenhagen, von dort nach Amsterdam. Von Southampton in England gelangten sie schließlich auf dem mit über 2.000 Flüchtlingen überfüllten Passagierschiff *Washington* zurück nach Amerika. Dass sie überhaupt noch Plätze auf dem Schiff bekamen, hatten sie der Intervention ihrer Freundin Agnes E. Meyer beim US-Außenministerium zu verdanken. In seinem Tagebuch notierte Thomas Mann:

95

Heimkehr - gewissermaßen. Amerika ist mein schicksalhafter Liegeplatz und Zufluchtsort, vielleicht für den Rest meines Lebens.

Gut ein Jahr später, im Oktober 1940, gelang Golo zusammen mit seinem Onkel Heinrich Mann und dessen Frau Nelly über Spanien und Portugal die Flucht in die USA. Auch Monika traf noch im selben Monat in New York ein. Bei ihrem vorherigen Fluchtversuch kurz zuvor, bei dem ein deutsches U-Boot ihr Schiff torpedierte, kam ihr erster Ehemann ums Leben.

Im Oktober 1940 empfing Thomas Mann seinen Bruder Heinrich bei dessen Ankunft im Hafen von New York.

Thomas Manns Kinder und sein Bruder Heinrich waren in Amerika in Sicherheit. Sie verfügten aber kaum über eigene fi-

96

nanzielle Mittel und erzielten, wenn überhaupt, nur geringe Einkünfte, so dass sie auf die Unterstützung des Familienoberhauptes angewiesen waren. Nur Elisabeth benötigte sie nicht, da ihr Mann, Giuseppe Antonio Borgese, eine gut dotierte Stelle an der Universität Chicago besaß.

Pacific Palisades

Im Frühjahr 1941 lösten die Manns ihren Haushalt in Princeton auf und siedelten sich an der kalifornischen Küste an, wo sie in Pacific Palisades, einem Vorort von Los Angeles, ein Haus mieteten. Bereits im Februar 1942 konnten sie dort in ihre eigene Villa umziehen, die Thomas Mann im Bauhaus-Stil für 30.000 Dollar, finanziert mit einem Darlehen, errichten ließ.

Das Domizil der Manns in Pacific Palisades. Seit 2016 ist das Haus im Besitz der Bundesrepublik Deutschland und dient als internationale kulturelle Begegnungsstätte. Bildquelle: www.thomasmanninternational.com

Wie schon in Princeton wurde auch dieses Haus zum Treffpunkt für viele Schriftsteller und andere Kunstschaffende, die vor dem Nazi-Regime aus Europa geflohen waren. Thomas Mann und seine Frau Katia halfen vielen von ihnen auf verschiedene Art und Weise, manchmal auch finanziell. Neben der Familie Mann wohnten in Pacific Palisades zahlreiche deutsche und österreichische Künstler und Intellektuelle, darunter Max Reinhardt, Arnold Schönberg, Erich Maria Remarque und Marlene Dietrich. Pacific Palisades wurde zum Fluchtpunkt deutschsprachiger Emigranten, zum «Weimar unter Palmen».

Pacific Palisades. Ansichtskarte, 1950er Jahre

In der Nachbarschaft der Manns besaßen der Schriftsteller Lion Feuchtwanger und seine Frau Marta ebenfalls ein prachtvolles Anwesen, die Villa *Aurora*. Dieses weiße, in mediterranem Stil erbaute Haus bewohnten sie ab 1943. Es sah viele prominente Gäste wie Bertolt Brecht, Charles Laughton und Charlie Chaplin. Im Salon des Hauses fanden häufig Lesungen und Musikabende statt. Die Manns und das Ehepaar Feuchtwanger waren eng befreundet und besuchten sich gern gegenseitig.

98

Die Villa Aurora, 2017

Bildquelle:
wikipedia/Mirkomlux

Das luxuriöse Leben, das Katia und Thomas Mann in Amerika genossen, war unter den deutschen Exilanten eine Ausnahme. Für die meisten Schriftsteller und Künstler war die Lage bedrückend. Sie verfügten kaum über finanzielle Mittel und waren mit der fremden Sprache nicht vertraut. Die Schauspieler, die in Berlin und Wien gefeiert wurden, fanden hier selten ein Engagement. In Hollywood scheiterten sie häufig wegen ihres Akzents. Fritzi Massary, Helene Weigel oder Max Reinhardt, Größen der deutschen Theaterwelt, blieben in den USA glücklos. Erschwerend kam hinzu, dass deutsche und österreichische Emigranten nach der Kriegserklärung Deutschlands an die USA im Dezember 1941 als feindliche Ausländer betrachtet wurden und für sie Ausgangssperren in den Abend- und Nachtstunden galten. Daher durften sie sich abends nicht mehr in Lokalen treffen. Für Thomas Mann und seine Familie galt die Sperre nicht, da sie tschechoslowakische Pässe besaßen.

Thomas und Katia Mann vor ihrem Haus in Pacific Palisades, 1941

Der barocke Schreibtisch, hier in Pacific Palisades, begleitete TM nahezu sein
Leben lang – von Europa nach Amerika und wieder zurück.

Manns Beitrag im Kampf gegen das Nazi-Regime waren monatliche Radioansprachen an das deutsche Volk. Ab März 1941 wurden sie in Kalifornien regelmäßig auf Platte aufgezeichnet, mit Luftpost nach New York gebracht und von dort per Kabel nach London übertragen, wo die BBC sie im deutschen Reichsgebiet auf Mittelwelle ausstrahlte. Auch die drei ältesten Kinder der Familie Mann – Erika, Klaus und Golo – waren als Presseberichterstatter der amerikanischen Armee in das Kriegsgeschehen involviert. 1944 erhielten die Manns die amerikanische Staatsbürgerschaft verliehen.

Europareisen nach dem Krieg

Nach dem Krieg unternahmen Katia und Thomas Mann mehrere Europareisen. Ihre erste dauerte von April bis September 1947 und führte sie nach London und Zürich, wo sie ihre Verwandten wiedersahen. Anschließend reisten sie noch für zehn Tage ins Seebad Noordwijk, um dort Urlaub zu machen. Beide logierten wieder im *Huis ter Duin*. Hier schrieb Thomas Mann in Gedenken an seinen Freund Menno ter Braak (1902–1940), der sich das Leben genommen hatte, als die deutsche Wehrmacht sein Land überfiel: *

Es ist ein guter Ort, wo ich schreibe, und ein guter Ort ist es, wohin ich diese Zeilen sende. Ich sehe Noordwijk wieder, sein befreundetes Meer, seinen lustvoll belebten Strand; das Huis ter Duin, auf dessen Terrasse ich vor acht Jahren so manches Mal mit ihm, dem mein Gedenken gilt, in heiteren Gesprächen saß.

[...] Ich gedenke, wie so oft, seiner Rezension von »Lotte in Weimar« in »Het Vaderland«, der besten, wenn ich urteilen darf, die je erschien, voll Scharfsinn und Sympathie, ein Musterbeispiel schöpferischer Kritik.

---

* TM: *In Memoriam Menno ter Braak. Fischer E-Book, erschienen 2011*

Im Frühsommer 1949 machte Thomas Mann in Begleitung von Katia und Tochter Erika die nächste Reise nach Europa. In Kopenhagen und Stockholm hielt er anlässlich des 200. Geburtstages von Johann Wolfgang von Goethe Vorträge über den deutschen Dichter. Am 22. Mai erfuhr das Ehepaar Mann vom Suizid ihres Sohnes Klaus in Cannes. Erschüttert von dessen Tod betrat es einen Tag später nach sechzehn Jahren das erste Mal wieder deutschen Boden, um in Stuttgart und Weimar an Goethe-Gedenkfeiern teilzunehmen. Wieder in Amerika erhielt Thomas Mann vom indischen Ministerpräsidenten und ehemaligen Widerstandskämpfer Pandit Nehru, der sich gerade in den USA aufhielt, eine Einladung zu einer Unterredung, die der Schriftsteller gern annahm. Beeindruckt von seinem Gastgeber schrieb er einer Freundin:

Er ist bei Weitem der bedeutendste und hellste Staatsmann heute, – die unsrigen hier reichen ihm nicht das Wasser.

Wenige Monate später, im März 1950, verstarb im amerikanischen Exil auch Thomas Manns Bruder Heinrich.

1950 und 1951 bereiste das Ehepaar Mann erneut für mehrere Monate Europa. Stationen auf ihrer dritten Reise waren Stockholm, Paris und Zürich, wo sich Katia einer Operation unterzog. Auf ihrer vierten Europareise weilten sie lange in Zürich, besuchten daneben auch den Wolfgangsee und Lugano zu Kuraufenthalten.

Ihre letzte Reise nach Europa im Jahr 1952 war gleichzeitig ihr Abschied von Amerika. »Ich werde das Meer sehr missen«, sagte Thomas Mann, als er sich 1952 entschied, nach Europa zurückzukehren. Er wollte nicht mehr in dem Land bleiben, dessen politisches Klima sich in der McCarthy-Ära durch Verfolgung von vermeintlichen Kommunisten und deren Sympathisanten dramatisch verschlechtert hatte und ihm die Luft zum Atmen nahm.

Der weite Himmel, das morgendliche Bad im Pazifischen Ozean, der tägliche Spaziergang unter Palmen, das schöne Haus und

der dazugehörige Garten – hier am Meer hatte er in schwieriger
Zeit Kraft und Inspiration geschöpft. All das und seine gewonne-
nen Freunde würde er zurücklassen, nicht wissend, was ihn bei
seiner Rückkehr erwartete.

TM in Pacific Palisades. Er arbeitete gern unter freiem Himmel, war dabei
immer perfekt gekleidet und selten ohne die geliebte Zigarre.

Rückkehr nach Europa

Gemeinsam mit ihrer Tochter Erika kehrten Thomas und Katia Mann im Juni 1952 in die Schweiz zurück. Sie mieteten in Erlenbach am Zürichsee ein Haus, das sie bis 1954 bewohnten. Dann kauften sie auf der gegenüberliegenden Seeseite in Kilchberg eine Villa. Sie sollte ihr letztes Domizil werden.

Die Mann-Villa in Kilchberg

Bildquelle:
wikipedia/Alinea

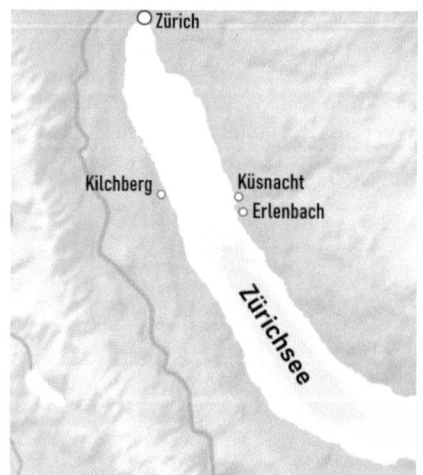

Die drei Schweizer Wohnsitze der Manns lagen direkt am Zürichsee.

Von der Schweiz aus besuchte Thomas Mann zwar mehrfach wieder Deutschland, um Vorträge zu halten oder Ehrungen entgegenzunehmen. Aber nie hegte er den Gedanken, sich wieder in seiner alten Heimat auf Dauer niederzulassen.

Am 10. Juni 1953 sah er gemeinsam mit Katia Travemünde wieder, den Lieblingsort seiner Kindheit. Er wollte ihn ungestört erleben und unterließ es, seinen Besuch groß anzukündigen. Aber die örtliche Zeitung erfuhr dennoch davon. Am nächsten Tag konnte man in der *Lübecker Freien Presse* lesen:

Die Travemünder, die gestern Mittag einen schlanken älteren Herren beobachten konnten, der mit grauem Ulster, grauem Hut und Schirmstock neben einer gut aussehenden Dame mit kurzgeschnittenem Silberschopf über die Promenade ging, mochten weder wissen, wer dieser sehr korrekt wirkende Herr sei, noch was ihn bewegte, wenn er auf die vom Ostwind hochgetriebene See hinausblickte.

Katia und Thomas Mann im Juni 1953 in Travemünde.
© Hans Kripgans

Zwei Jahre später, im Mai 1955, kehrte er mit Katia ein letztes Mal an diesen Ort zurück, der ihm so viel bedeutete. Die Hansestadt Lübeck hatte das Paar eingeladen, um dem Dichter die Ehrenbürgerschaft anzutragen. Erst am Ende seiner Tage wurde ihm diese Würdigung durch seiner Heimatstadt zuteil, denn lange hegten die Stadtoberen Groll gegen den Nobelpreisträger, der sie in seinem Roman *Buddenbrooks* auf eine Weise beschrieben hatte, die ihnen nicht gefiel. Doch nachdem bedeutende Universitäten ihn mit Ehrendoktorwürden überhäuft, große Staatsmänner sich mit ihm getroffen hatten, und selbst der Papst ihm eine Privataudienz gewährte, wollten Lübecks Honoratioren ihn nun ebenfalls ehren. Aber sie waren die Letzten.

Im Juli 1955 besuchten Katia und Thomas Mann noch einmal das Seebad Noordwijk, um sich von den anstrengenden Feierlichkeiten anlässlich des 80. Geburtstages des Dichters zu erholen. Während dieses Urlaubs wohnten sie in Amsterdam der niederländischen Premiere des Films *Königliche Hoheit* bei, einer Verfilmung des gleichnamigen Romans von Thomas Mann. Wenige Tage später empfing die niederländische Königin das Paar auf ihrem Sommersitz Schloss Soestdijk. Obwohl an einer Thrombose erkrankt, ließ sich Thomas Mann in Noordwijk noch von dem Maler Paul Citroen porträtieren. Als sich Manns Zustand verschlechterte, wurde er im Flugzeug liegend in eine Züricher Klinik überführt, wo er trotz anfänglicher Besserung nach dreiwöchiger Behandlung plötzlich verstarb. In seinen letzten beiden Tagen schrieb er eigenhändig noch mehrere Briefe, empfing Besuch und hörte Musik, während Katia täglich neun Stunden an seinem Bett wachte.

Die Meeresschützerin

*T*homas Mann hatte seine damals sechsjährige Tochter Elisabeth, die er »vom ersten Tag an mehr liebte, als die anderen vier zusammengenommen«, wie er einmal in einem Brief an seinen Freund Paul Amann gestand, an die Hand genommen und ihr den Strand von Travemünde und das Meer gezeigt. Er selbst war als Kind fasziniert von ihm und wurde sein Leben lang von der Macht und Schönheit dieses Naturelements angezogen. Er hoffte wohl, dass auch seine Tochter ähnlich wie er empfand und sie ebenso wie er das Meer lieben würde. Vielleicht noch nicht als Kind, aber möglicherweise als Erwachsene. Er nannte sie *Prinzessin Dulala* oder *Medi* und gab ihr das Gefühl, erwünscht und geliebt zu sein. Das half ihr, später eine stabile Persönlichkeit zu entwickeln – im Unterschied zu den meisten ihrer Geschwister. Seine Hoffnung sollte sich erfüllen, aber er erlebte es nicht mehr.

Für Elisabeth, die ursprünglich Konzertpianistin werden wollte, wurde das Meer und dessen Bewahrung zur Passion. Sie engagierte sich weltweit für den Schutz und die friedliche Nutzung der Ozeane, wurde Professorin für Internationales Seerecht und war Gründungsmitglied des Club of Rome. Dass es heute Seerechtsübereinkommen gibt und der Internationale Seegerichtshof geschaffen wurde, ist vor allem ihrem Einsatz zu verdanken. Sie war auch Autorin und schrieb mehrere Theaterstücke und Novellen.

Es ging ihr wie ihrem Vater – das Meer zog sie unwiderstehlich an. Sie wollte ihm nahe sein und wählte einen kleinen Küstenort auf Nova Scotia an der kanadischen Atlantikküste als ständigen Wohnsitz. Bis zu ihrem Tod im Februar 2002 lebte sie dort in einem verwitterten Holzhaus und konnte von ihm direkt auf die vor ihr liegende Meeresbucht hinausschauen.

In diesem Haus in Sambro Head auf Nova Scotia lebte Elisabeth Mann Borgese von 1978 bis zu ihrem Tod. Bildquelle: www.realtor.ca

Elisabeth, die letzte Überlebende ihrer Familie, starb mit 83 Jahren an einer akuten Lungenentzündung während eines Skiurlaubs in St. Moritz im Engadin, wo Thomas Mann mit seiner Familie häufig Winterferien verbracht, an seinen Manuskripten gearbeitet und sich mit seinem Freund Hermann Hesse getroffen hat.

Die 13jährige Elisabeth mit ihrem Vater in St. Moritz 1931. Sie liebte das Ski-Laufen und fuhr noch am Vortag ihres Todes die Hänge hinab.

Benutzte Literatur (eine Auswahl):

Katrin Bedenig, Hans Wißkirchen (beide Hg): Briefwechsel Heinrich Mann, Thomas Mann, Frankfurt/Main, erweiterte Neuausgabe 2021

Lisa Bönsel, Philipp Werner (beide Hg.): Unterwegs mit Thomas Mann, Frankfurt/Main 2010

Volker Hage: Eine Liebe fürs Leben. Thomas Mann und Travemünde, Frankfurt/Main 2016

Unda Hörner: Solange es eine Heimat gibt. Erika Mann, Köln 2024

Inge Jens: Am Schreibtisch: Thomas Mann und seine Welt, Hamburg 2013

Inge und Walter Jens: Frau Thomas Mann. Das Leben der Katharina Pringsheim, Hamburg 2009

Hermann Kurzke: Thomas Mann. Ein Porträt für seine Leser, München 2009

Magali Laure Nieradka: »Die Hauptstadt der deutschen Literatur«, Sanary-sur-Mer als Ort des Exils deutschsprachiger Schriftsteller. Göttingen 2010

Frido Mann: Mein Nidden, Hamburg 2019

Thomas Mann: In Memoriam Menno ter Braak. Fischer E-Books, Frankfurt/Main 2011

Hildegard Möller: Die Frauen der Familie Mann, München 2004

Bettina Querfurth: Sehnsuchtsorte. Wohin Schriftsteller uns entführen, Zürich 2007

Armin Strohmeyr: »Wir sind unser sechs« - Die Geschichte der Geschwister Mann, München 2023

Volker Weidermann: Mann vom Meer, Köln 2023

Hans Wißkirchen: Die Familie Mann. Reinbek 2012

Bildnachweis